DE GELE RIVIER IS BE

P9-AFL-867

LEO PLEYSIER

Wit is altijd schoon
Waar was ik weer?
De kast

DE BEZIGE BIJ

Leo Pleysier
De Gele Rivier is bevrozen

1994

DE BEZIGE BIJ

AMSTERDAM

Copyright © 1993 Leo Pleysier
Eerste druk september 1993
Tweede druk december 1993
Derde druk februari 1994
Vierde druk maart 1994
Omslag Rudo Hartman
Omslagillustratie Ferdinando Scianna © 1990 Magnum Photos
Druk Veenman Wageningen
ISBN 90 234 3292 4 CIP
NUGI 300

Een hoge kap en mouwen wijd: de mode van het zuiden

Gao Shi (702-765)

¶

Op haar afscheidsfeest was *Krachtig Vleeschnat* op-
gediend na het *Voorgerecht*. Vervolgens waren er *Mis-
siebootjes*, zo vermeldt de menukaart. De maaltijd werd
voortgezet met:

Tarbot met Aardappelen en Botersaus
Varkensgebraad met Groentenkrans en Croquetten
Verfrissing
IJsroom
Nagerecht
Fruit

En *Moka met Versnaperingen* toe.

Het diner was ook opgeluisterd met een afscheidslied
dat door een paar kinderen van het zangkoor Sinte Ceci-
lia ten gehore werd gebracht. Aan de piano begeleid
door de blinde leraar van de muziekschool. Al spoedig
hadden die frêle kinderstemmen toen bijval gekregen,
zo is mij verteld, van het voltallige gezelschap ouders
en grootouders, nonkels en tantes, neven en nichten,
vrienden en kennissen dat aan tafel uit volle borst het
refrein voor zijn rekening nam.

Wij gaan
ten uittocht naar verloren gewesten
Wij gaan
de nieuwe wereld vesten.

Niet onwaarschijnlijk dat er zakdoeken zijn te voorschijn gehaald toen. Neuzen gesnoten. Kelen geschraapt. Een traan gedroogd en weggepinkt hier en daar. *Christus vincit.* Al moest dat laatste nog blijken. En van de genodigden op dat feest zullen er ook wel een paar geweest zijn die daar zo hun bedenkingen bij hadden. Niet in de laatste plaats haar eigen ouders. Die hadden er die dag – 12 september 1946 – aan de feesttafel maar bedremmeld bij zitten te kijken naar het schijnt. Zijzelf echter liet zich al lang niet meer van de wijs brengen, nee. En een paar weken later zat ze op de oceaanstomer die op volle kracht Gibraltar voorbijvoer met bestemming Shanghai.

Bij zoveel activiteit kon ik niet ten achter blijven en als baby lag ik dan maar wat mee te schommelen en mee te frazelen in mijn wiegje. Terwijl mijn ouders zich om de dis schaarden, kreeg ik mijn papfles van de kokkin. Het kan bijna niet anders of ik moet op mijn beurt genoten hebben van dat feest. Van het getater en het gelach en het gezang dat er opklonk. Van de stilte die er pas viel nadat daar met aandrang om verzocht was door middel van een paar nijdige tikjes met een koffielepel tegen de rand van een kristallen wijnroemer. Van het tremolo in de stem van de doorgeleerde achterneef die de afscheidsrede afstak. Van het getingel van glas bij de heildronk die na afloop was ingesteld. Van het tevreden gekletter van lepels en vorken en messen op de bodems van de borden en schalen. (Zo schoon en, vooral, zo duidelijk gesproken!) En zeker niet te vergeten: van de zachte boezems van de diensters die heen en weer draafden tussen de keuken en de feestzaal en die mij tussendoor geregeld uit mijn wiegje hadden gepakt, op de arm genomen en tegen zich aan gedrukt.

Naast die menukaart is er van haar afscheidsfeest ook nog een foto overgebleven. Kijk maar, iedereen staat erop. Alle tachtig genodigden bijeen op een portret ter grootte van een ansichtkaart. Het decor is de speelplaats van een lagere school. Vlaggen en wimpels. Spreuken aan de muur. Bloemen en slingers en bellen. Om al die mensen in beeld te krijgen heeft de fotograaf zijn foto van bovenaf genomen. Van op een ladder. Of misschien is dit portret wel genomen uit het raam van een van de klassen op de eerste verdieping.

– Waar is zij?

Daar. Dat is zij. Of is het tante Gabriëlle? Ergens in het midden. Nee hier. Tussen grootvader en grootmoeder. Voor de laatste keer samen. Je moet zoeken om haar te vinden. Overrompeld als zij is door al die mensen die elkaar staan te verdringen om haar. Zoveel gezichten en toch is er niet veel te zien op die foto want iedereen lijkt op iedereen op die afstand. Het is een raadsel hoe zij er achteraf nog in geslaagd is zich uit die dichte mensenmassa los te wrikken en te vertrekken. Zoveel volk. Het mag een klein wonder heten dat ze toen voor de

camera door haar eigen familie niet ter plekke is ver-
smacht.

– En waar ben ik?

'U heb ik op de arm,' beweerde mijn moeder dan altijd. Maar ik zie mezelf niet. Te klein, te vormloos, te
onbeduidend ben ik nog om al in zo'n massa zichtbaar
te zijn. Met een vergrootglas misschien ja.

Maar al vrij spoedig na haar vertrek had ik mijn plaats
in de wieg, op de schoot en op de arm moeten afstaan
aan het broertje dat op mij volgde. Lang duurde het
daarna niet meer voor ik samen met mijn twee zussen
en mijn oudere broer gespannen mee zat te luisteren naar
het dramatische briefverslag van overzee dat ons adres
bereikt had en dat op gezette tijden door moeder, op
een toon die wisselde van pathetisch tot intiem en
samenzweerderig, net voor het slapengaan steeds weer
voorgelezen werd. En dat dan ondertussen door ons allemaal prompt van commentaar werd voorzien. Sssst.

– Hoort eens waaien buiten.

De schalies klepperden op het dak. Het regenwater
klokte in de afvoerbuizen. De takken van de fruitbomen
kraakten.

– Stil.

– Zwijgt nu wind!

¶

Op papier is het november 1948 en tante Roza, in haar standplaats Kalgan, gelegen aan de rand van het plateau van Binnen-Mongolië op een paar honderd kilometer ten noordwesten van Peking, vraagt zich af: 'Zullen we moeten vluchten of zouden we op onze post mogen blijven?'

De Roden komen immers opzetten uit het noorden van China. 'En ook de Rus wordt verwacht. Er is spraak dat we zullen geïnterneerd worden in Siberië.'

'En toch,' schrijft ze, 'spijts dat alles willen we blijven. We zijn Missionarissen. Dus tot ieder offer bereid.'

Het wordt: vluchten.

Zij het pas na tussenkomst van het moederklooster te Leefdaal alwaar men het hoofd gelukkig een beetje koeler houdt en vanwaar op 20 november een telegram naar China vertrekt met het uitdrukkelijke bevel:

Iedereen Kalgan verlaten!

'Hoezeer ons hart ook bloedt,' noteert tante Roza, 'toch zeggen we: FIAT. 't Is Gods wil die zich uit in de stem van de Oversten. Uw heilige Wil geschiede o Heer.'

Bij deze passage onderbrak moeder zichzelf meestal.

– Als het aan haar gelegen had, dan was ze nog daar gebleven ook hoor! Niks bang. Van niemand. En nog koppig ook. Maar dat is ze altijd al geweest, ons Roza. Ze heeft ze trouwens ook niet van vreemden, die koppigheid.

– FIAT?

– Neenee, da's Latijn.

– Latijn?

– Nonnen kennen ook wel wat Latijn. Niet evenveel als een pater of een pastoor, maar toch wel wat.

Daarna ging ze weer voort.

'Vaarwel o Dierbaar Missieveld. Pas 2 jaar zijn we hier begonnen. Een hospitaal is juist in orde. Het dispensarium werd druk bezocht. We moeten 't al verlaten. Vaarwel o Mijn geliefd Kalgan! We hebben Gods macht en heerlijkheid aanschouwd in Uw reusachtige kroon van bergen die de stad omringt. We stonden in verrukking voor Uw zo prachtige sterrenhemel als we in de vriesnacht uitgingen om mensen in hun nood te helpen. We hebben uw straten en straatjes doorkruist, de rijke koopmanskoeren en lemen hutjes bezocht. We zijn de bed-ovens opgeklommen om zware zieken te bezoeken. We hebben de boorlingsjes in hun schamele doekjes gewikkeld en met een koordeken bijeen gebonden, volgens chinees gebruik. We hebben uw gekwetsten geherbergd en verzorgd. We hebben aan honderden met Gods genade, door het H. Doopsel een reispaspoort gegeven voor de Eeuwigheid. Als men dat alles overdenkt en dat het nu voor goed gedaan is. Ja rechtuit gesproken, dan is er wel een viervoudige paardekracht nodig om zijn tranen te weerhouden.'

12

- De bergen.
- De straten en de sterren.
- Een viervoudige paardekracht.
- De Volkswagen heeft er zes.
- En zo groot dat dat is, China. België is daar niks tegen.
- Als België een zakdoek is, dan is China het zeil van een schip.
- Een muis tegenover een tijger.
- Wij gaan daar nochtans helpen.
- Ja en dan is het nòg niet goed. Het is ook nooit goed voor de Chinezen.
- Hoezeer ons hart ook bloedt.
- Leest eens voort.
- Ja direct. Eerst snuiten.
- Wat zijn *bed-ovens*?
- Weet ik ook niet. Iets van ginderachter.

Volgde de gedetailleerde kroniek van de chaotische aftocht uit Kalgan in een trein bomvol Nationalen die samen met hun families op de vlucht zijn geslagen. Over een traject dat in normale omstandigheden acht uren duurt, doet de trein nu zes dagen.

'Aan de Statie wemelt het van vertrekkende soldaten. Lange rijen open wagons staan opgestapeld met schamele meubels van militairen die er met hun familie bovenop zitten. Men vraagt zich af of ze al niet lang doorvrozen zijn. Een scherpe Noorderwind spot met ons wollen klederen en vellen mantels, en blaast er dwars door.'

Onderweg worden ze aanhoudend bestookt door de

13

Roden die ook Peking stilaan in de tang aan het nemen zijn.

'We staan weer stil. De nacht duurt lang. En moeder natuur schildert haar schoonste witte bloemen op ons ruiten.'

Tante Roza spreekt in haar verslag van 'ons vuurkar', wanneer ze haar trein bedoelt. En van een 'ijzeren vogel' als ze het heeft over het vliegtuig dat haar trein mitrailleert.

– De Roden?

– Ja.

– De Gelen zeker?

– De gelen zijn rood.

– Het zijn de communisten.

– De rode duivels.

'Goede moed. Nu werd deze nacht het spoor voor ons en achter ons verwoest door mijnen die ze deden springen. Als het avond wordt, loopt heel ons compartiment proppensvol soldaten die reeds 2 dagen en 2 nachten op een open wagon in de kou zitten. Een inlandse Priester, die ook in het leger is komt ons groeten en vertelt dat er van den nacht 2 kindjes dood gevrozen zijn. Helaas! We zitten als haringen in een kistje. Van slapen is er geen spraak. De een uur na de andere loopt traag voorbij en als het licht wordt trachten we ons te overtuigen dat het vandaag de eerste Zondag van de Advent is. Hoe jammer, dat we ons zondagsmis moeten nalaten. Van voortgaan is er ook geen spraak. 2 levenslustige studentjes brengen hun tijd door met jacht te houden in de dicht bebouwde wouden dat men haarbos noemt. 't Wordt donker en we zijn nog even ver als gisteren.'

– De nonnen en de soldaten zitten bij elkaar op schoot.

– Dicht bijeen is warm, wijd vaneen is kou-kou-kou.

– De dicht bebouwde wouden.

– Leest eens voort.

'In aller haast komt er een jonge moeder in ons trein-compartiment. Ze draagt een pracht kindje van 8 maanden oud. Als buiten haar zelf smeekte ze ons: Zuster, helpt mijn kindje! Daarjuist ademde het nog. Nu niet meer! Geef toch rap een inspuiting! Het duurde niet lang of we zagen dat we met een bevrozen kindje te doen hadden. Onmiddellijk doopten we het op voorwaarde. 't Was de enige hulp die we konden bieden.'

– Brrr! Het is daar koud precies.

– O het kan daar verschrikkelijk koud zijn hoor!

– De bloemen op de ruiten.

– Een spuit in de verstijfde spiertjes.

– Zo ver!

– Zo wreed!

– En wat deden ze daarna met dat dode kindje? Weg-gooien of nog wat bewaren?

– Een koude klomp. Hard als een steen.

– Allemaal de schuld van de communisten.

– Undeuxtroisquatrecinqsixsept, Vi-o-lette, Vi-o-lette.

'Reeds in de vroege morgen komt er beweging. Om $7^1/_2$ uur trekken we verder. Het spoor is vermaakt, dus

vooruit! We zien hele velden waar de heuveltjes als ge-
zaaid zijn. 't Zijn al graven van soldaten. Verder zijn
het puinen van vernielde bruggen.'

En aan het einde van de rit leek het soelaas en de ver-
kwikking die Peking tante nonneke bood evengoed aan
ons besteed. Want al even haveloos en verkleumd als
de treinvluchtelingen die er arriveerden, voelden wij ons
in onze pyjamaatjes en nachtjaponnetjes tijdens moeders dramatische vertolking van al die ellende.

'Wat verschil van temperatuur in de stad! Men zou
zeggen dat het hier zomer is. Een warm zonneken lacht
ons toe. Het volk ziet er hier ook heel anders uit. Terwijl
het in Kalgan krioelde van soldaten, zien we hier fijne
heertjens en fier juffertjens die trachten de europese
mode na te doen. Wij integendeel zien er uit als assepoes-
ters. U moet weten, we hebben al in geen vier dagen nog
water gezien. We haasten ons om van de baan te zijn.
In ons provinciaal huis slapen we een nacht tegen honderd in 't uur.'

– Ze zal nogal gesnurkt hebben!

– Wie?

– Tante Roza.

– Nonnen snurken niet.

– Hoe weet gij dat?

– Zomaar. Ik ben daar zeker van.

– J'ai. Tu as. Il a. Elle a. Nous avons.

– Hou op!

– Slapen tegen honderd in 't uur.

- Honderd twintig.
- Een warm zonneke voor tante nonneke.

Dit zijn de blote voeten van mijn oudste zus. Zij daar. Ze is twaalf. Ze heeft nog maar pas gaatjes in haar oren laten maken voor oorbellen. Die benijd ik haar. Niet die gaatjes – bloeddruppels, ether en etter; in het begin waren ze zelfs lichtjes ontstoken – wel die oorbellen. Maar dat durf ik niet laten merken. In de kersentijd loop ikzelf vaak rond met 2 x 2 kersen aan mijn oren. Zwartbuiken. Die mijn oudere broer soms, om mij te pesten en zonder dat ik het merk, platknijpt. Tot het paarsrode sap over mijn wangen en mijn hals tot in de kraag van mijn hemd druipt.
- Gij bloedt!
- Ik?
- Ja.
- Waar?
- Daar.
- Moe-oe!
- Gefopt!
De teennagels van mijn oudste zus zijn ook rood. Met lipstick heeft ze ze geverfd. Heel lang is ze daarmee bezig geweest daarstraks. Met de voeten beurtelings op een stoel. Haar rok opgetrokken tot halverwege haar dijen. Eerst de nagels geknipt, dan bijgevijld en ten slotte geverfd. Heel aandachtig. Heel secuur.
Weet je wat de mode is?
Korte rokken, lippenstift.

Maar hier en daar is het rood er al een beetje afgegaan. En straks moet ook al de rest er weer af gewassen worden vooraleer zij naar bed kan.

Dit zijn de voeten van mijn andere zus. Die tien is. Zij wil ook gaatjes maar vader heeft gezegd dat ze er pas krijgt tegen haar plechtige communie. Niet eerder. De nagel van haar grote linkerteen ziet blauw. Daar heeft ze verleden week, mede door mijn schuld, een baksteen op gekregen. Eén van de stenen namelijk die 's avonds op de hete kachelplaat worden gelegd, en daarna in een flanellen doek gewikkeld, om door ons mee naar bed te worden genomen wanneer het erg koud is in de winter.

– Gij hebt mijne baksteen!

– Nee, dat is de mijne! Die steen daar, met een stuk af, dat is den uwe!

Dan de voeten van mijn broer die negen is. Hij gaat er prat op dat hij al zulke grote heeft. Veel groter dan de mijne. Maar de schoenen die hij draagt zijn altijd op zijn minst twee maten te groot. Kleiner wil hij ze niet. Maat zevenendertig. Ik heb zijn bedrog al lang in de gaten.

– Gij met uw trekschuiten. Een koe te groot zijn ze ja, uw schoenen.

– Niks te groot. Ze passen als gegoten.

Die blote kindervoetjes met de lichtjes gekrulde tenen, dat zijn de mijne. Ze zijn koud ja, mijn voeten. Maar zolang het voorlezen duurt, voel ik daar helemaal niks van. En voor straks heb ik mijn baksteen al gereedliggen op de kachelplaat. Al zal hij niet echt heet zijn want het waait en de gietijzeren kachel in de keuken wil dan niet goed doorbranden. Regelmatig walmt hij blauwachtig-grijze rook uit die onze ogen van het tranen helemaal uitdroogt. Ik zit erbij te hoesten en mij te verslikken als na mijn allereerste trek aan vaders sigaar.

Thuis rondlopen op mijn blote voeten, of op mijn kousen: dat is ongeveer het liefste wat ik doe. Daarom is dat ook altijd mijn eerste werk als ik thuiskom van school: mijn schoenen uitschoppen, zo ver als ik maar kan. Al betekent dat ook dat ik 's morgens altijd een kwartier moet zoeken eer ik mijn schoenen terugvind.

– Gij zult ziek worden!

Of:

– Ge gaat nog eens goed in een nagel trappen!

Dat laatste is er dan op een keer ook van gekomen. Ik voelde nog heel even de weerstand die de huid van mijn voetzool bood. Maar het ging te snel. De druk was te groot. De huid nog te zacht. Ongeremd en brutaal stootte de punt van de spijker die uit de plank stak daar-na door tot op het bot van mijn hiel. Nu gaat ook mijn ziel verroesten, dacht ik.

De kleine malse teentjes ten slotte, die als jonge erwt-jes boven de rand van de wieg omhoogsteken, zijn van mijn jongste broertje. Ik houd ervan om zijn voetjes vast te pakken en te strelen. Zo zacht en week dat ze zijn. Eén van zijn lichtblauwe, gehaakte babysokjes heeft hij uitgestampt. Het andere heeft hij nog half aan. Af en toe probeert hij met zijn gekraai boven onze opgewondenheid en boven moeders declamatie uit te komen.

De voeten van mijn moeder vind ik eigenlijk zo heel mooi niet meer. Maar ik zeg het haar niet. Dat houd ik maar voor mezelf. In vergelijking met de scherpgesneden en elegante meisjesvoeten van mijn twee zussen zijn de hare tamelijk grof. De wreef is altijd een beetje gezwollen en er zit eelt op haar voetzolen. Het is daarvan dat haar voeten zo onaangenaam aanvoelen.

– Ik zou wat meer moeten rusten met mijn voeten omhoog.

– Legt ze maar bij mij op schoot.

En dan moeders voeten aaien. Alsof ze van mijn strelingen opnieuw mooi en zacht zouden worden.

Vaders blote tenen krijgen we zelden of nooit te zien. Hij is ook nooit thuis of zelfs niet in de buurt wanneer er voorgelezen wordt. Soms, als hij eens in een goede bui verkeert, pakt hij ons na het bad bij de voeten vast en trekt hij aan onze tenen. Traag. Eén voor één.

– De nieuwe patatjes groeien goed. Ze komen al boven. Ik zal er eens een paar uittrekken zie. En opeten.

En dan hield hij niet op met trekken vooraleer bij elk van onze tenen de kootjes gekraakt hadden. Dat deed deugd en dat deed zeer tegelijk. En wellicht om te tonen hoe flauw hij het wel gevonden had van me toen ik op een keer van de pijn in tranen uitbarstte daarbij, heeft hij nadien bij mij nooit meer aan mijn tenen getrokken.

Vijftig teentjes. Met die van moeder erbij geteld zijn

het er zestig. Bintjes en frieters. Geschild, gesneden en gewassen. Een braadpan vol.

Maar heel veel tijd om opnieuw op adem te komen, krijgt tante Roza in Peking niet meer. Na de trein volgt de boot. Op 13 december vertrekt ze in de haven van Tientsin, samen met twaalf andere nonnen van haar orde.

'Rond 1 uur komen we toe en gaan recht naar de kaai. De boot moet nog aankomen en gelost worden. We zitten daar op ons pakken. 't Is killig, koud en regenachtig. Het krioelt op de kaai van vreemdelingen. Het zijn meest al wit russen en nog enkele amerikanen die overbleven. Er wordt gesleurd met kisten en koffers. Ik vraag me af hoeveel van die honderden er zijn, die God kennen en ervan bewust zijn dat ze hier op aarde hun Eeuwigheid voorbereiden: eeuwig geluk of ongeluk. Als we hier al een paar uur zitten te wachten, komt er al met eens Pater Joos, broer van Dame Marie Valentine, ons uitnodigen om binnen wat te warmen en een tasje koffie te drinken. Ook hij met zijn ander broer Scheutist, vertrekt met dezelfde boot. Beide gaan naar België maar vliegen eerst naar de Philipijnen om hun zuster missionaris te gaan bezoeken. 't Is vandaag, dat hun vader begraven wordt te Sint Niklaas. Toch verbergen ze hun harteleed om ons te helpen en genoegen te doen.'

– De Belgen zijn toch wel goed voor elkaar.

– Als ze op een ander zijn, trekken ze veel rapper aan één zeel.

– Een lekkere tas koffie.

– En allemaal samen rond de kachel: de nonnen en de paters.

– Met hun hoeden en hun bontmantels.

– Met hun kappen en kalotten. Met hun beffen en hun boorden.

– Met hun valiezen en miskoffers.

– Zit stil!

– Zit zèlf stil!

– Geen ruziemaken, anders lees ik niet meer verder.

– Hij zit altijd maar met zijn knie tegen de leuning van mijn stoel te stoten!

– De witte Russen.

– Pater Joos is zo rap niet boos.

'Om 7 uur klimmen we op de boot. Voor de vrouwen zijn het kabinen van 12 personen. Daar we met 13 zusters zijn, ga ik met Dame Marie Atanaas in een ander vertrek, bij de russe madamekens slapen. Er zijn daar ook twee zusters van de orthodoxe kerk. Eindelijk varen we de haven uit en na een 3 tal uren zijn we in volle zee. Op het dek is het niet uit te houden van de koude wind. De kisten en koffers staan erop gestapeld. Een 6 tal kanonnen houden de wacht.'

– Een groot schip?

– Heel groot.

– Een Amerikaans schip. Dan zal het wel groot geweest zijn.

– Met de Amerikaanse vlag.

- En met hoeveel kanonnen?
- Zes kanonnen!
- De russe madamekens.
- De nonnen en de kanonnen.
- Zuster Ananas.
- Zuster Crèmeglace.
- Zuster Velotas.

'De zee wordt woeliger. Zoals twee jaar geleden gaat ze ons naar Shanghai wiegen. Bij velen is het revolutie in 't binnenland.'

- !???
- Verstaat ge het niet?
- Nee.
- Overgeven. Spouwen. Zeeziek.
- Ahja. Ik verstond dat eerst niet.
- De nonnen staan op het dek te braken.
- De zeebries blaast hun rokken bol.
- En de matrozen?
- De matrozen worden niet ziek. Matrozen die kunnen daar tegen.

'16 december. Door de scheepsradio wordt er gezegd dat het spoor Peking/Tientsin onderbroken is. Het vliegplein van Peking is ook bezet. We zijn niet veel te vroeg weg. 's Anderendaags vernemen we dat Peking helemaal is ingenomen. We bidden voor ons missie die we verlieten.'

- Juist op tijd!
- Dat scheelde geen haar.

– Goed dat ze op het water zit. Nu kunnen ze aan ons tante Roza niet meer aan.

– C'est. Est-ce? Est-ce que c'est? Est-ce que ce sont? Sont-ce? Oui! Non!

– Schei uit!

– De meeuwen schijten op de lopen van de kanonnen.

– En de paters?

– De paters zijn zat. Ze dweilen langs de hutten en de kajuiten.

– Ze hebben al de hosties opgegeten en de laatste miswijn opgedronken.

– Pater Joos.

– Zuster Klaar.

– En Pater Pimpelaar.

– Ssssjt. Allee, allee.

'19 december. Na 4 dagen varen kwamen we in Shanghai. Hier vonden we ons Eerwaarde Moeder Margarethe Marie terug. 't Is ook hier dat de pralinen uitgedeeld werden: voor sommigen zoet, voor enkelen bitter. Ik moet het land niet uit omdat ik bestemd ben voor Kan Hien in de provincie Kiangsi in 't Zuiden van China. Het scheiden van ons Overste en medezusters valt hard. Er wordt weinig gesproken, veel gedacht en nog meer gebeden. Wat bewonder ik ons oudere zusters. De wereld beziet hen als oude nonnen, maar hoe aangenaam moeten ze niet zijn in Gods oog. Er zijn er die 20, 24, 25 jaren in China zijn. Nu gaan ze naar een vreemd en onbekend land. Andere taal en vreemde gebruiken zul-

24

len ze moeten leren. Maar gehoorzamen, dat is Kloos-
terleven; en van 't eene werelddeel naar 't ander gaan,
dat is missionaris zijn.'

En weer de grote emoties. Moeder die haar tranen nu
de vrije loop liet. Zodat wij als kleine kinderen het ook
niet meer wisten op den duur. Wat was er nu in godsnaam allemaal aan de hand eigenlijk? Het was toch alleen maar papier? Niet anders dan letters en inkt op papier?

Maar wanneer ze de ontreddering zag die zij met haar
tranen had teweeggebracht, voegde moeder daar gauw
aan toe dat ze het haar eigen wel zèlf aandeed, al die
mizerie, tante non. Want dat zij evengoed als wij allemaal veilig en warm thuis had kunnen blijven.

Goh ja, dat was óók waar, vonden wij dan.

Vervolgens werd al dat papier zorgvuldig weer dicht-
geplooid, terug in een groot bruin omslag gestoken en
opgeborgen in een van de laatjes van grootvaders secre-
taire. En even snel als ze verschenen, waren moeders tranen dan ook weer opgedroogd.

– En nu naar bed allemaal!

– Krijgen wij nu ook nog een snoepje?

– Rap dan. Eéntje. En het deksel terug op de doos. En
dan naar boven. En schoon slapen daarna. Dat ik niemand nog hoor.

– Les vivres vin-vin-vinrent à manquer. Ohé ohé ohé.

– Hou op nu jong!

– Ohé ohé ohé.

– Moe-oe!

– Wat nu weer?

– Hij zit altijd maar te zingen en van de Franse les op te zeggen. Hij kan maar niet stil zijn.

– Slápen had ik gezegd.

Maar geen oog dicht deed ik het eerste halfuur. Buiten joeg de wind de wolken voort. Alles wiebelde en bewoog. Misschien was het ook van de rook uit de kachel die ik binnengekregen had en voelde ik nu pas hoe misselijk en draaierig ik er wel van was. Elk moment dreigde mijn bed te kapseizen in de deining waarop ik moederziel alleen in het pikdonker ronddobberde. De diepte vlak onder mij. De duisternis overal. Mijn broer die met mij op dezelfde kamer sliep, was al meteen na het doven van de lamp in de golven verdwenen.

– Slaapt gij al?

– Ja. Gij nog niet?

– Nee.

– Slaapt nu maar. Lijk ik.

Schalies zijn beter dan pannen. Schalies zitten vastgenageld. Die kunnen er zo gemakkelijk niet afwaaien.

Het gegiechel van mijn twee zussen, die samen in de kamer naast de onze sliepen, was ook al spoedig stilgevallen. Het waaien. Het wiegen. Helemaal alleen bleef ik achter met de echo van die stroeve, knarsende zinnen. Al het verre lawaai onder de sterren dat ze hadden opgeroepen. Al dat rumoer van onder de graszoden. Zelfs

26

tot hier was het te horen als je goed luisterde. Maar ten slotte werd ik in de rug toch verrast door een immense golf die alles in zijn geheel oppakte en overspoelde en langzaam zonk ik weg naar de bodem van de Gele Zee.

De weldoende stilte van de wieren die onder het wateroppervlak groeien. De koralen. De kwallen. Het wuivende struikgewas. De rotsen waartussen de vissen langzaam voortzwemmen.

¶

De eerste keer dat ik haar in levenden lijve te zien kreeg, was voor in de jaren vijftig nadat zij, als een van de laatste Westerse religieuzen, op last van de regering van de Chinese Volksrepubliek, voorgoed het land was uitgezet. Ik was een jongetje van een jaar of zeven, acht. En zij een lang, smal en in het wit gekleed wezen met een zwarte kap op dat enige tijd bij ons thuis te gast was. Mager en bleek zag ze eruit. Haar grote, diep in hun kassen verzonken ogen waren me al onmiddellijk opgevallen. Verontrustend zwijgzaam vond ik haar ook, zoals zij daar bij ons aan tafel zat. In plaats van een brief te sturen, was ze nu ineens zèlf gekomen. Dat was al een wonder op zich. Ze bestond dus ook in het echt. Ze had een gezicht. Onder haar kleren zat misschien zelfs een lichaam van vlees en bloed. En daarenboven had ze ook nog iemand meegebracht. Een soort replica van haarzelf. Maar dan wel in een heel wat molliger versie. Beetje rood aangelopen zelfs. Het bleek de dochter van een fruitkweker te zijn, afkomstig van Montenaken, in de buurt van Sint-Truiden. Een minzaam glimlachende engelbewaarder uit Limburg. Geboren en getogen op de heuvels van Haspengouw. Tussen de appels en de peren.
– Zegt maar Zuster Irma tegen mij.

28

– Dag Zuster Irma.

– Flink hoor.

Maar eigenlijk was zij een soort van waakhond die ze met tante Roza mee hadden gestuurd. Het heette daar ook niet voor niks *De Garde*, het moederklooster in Leefdaal.

De zwarte nonnen en de witte nonnen. De zwarte kende ik van op de kleuterschool. De witte, waar tante Roza bij hoorde, had ik nog niet eerder gezien. En ik vond haar soort en pluimage ook veel mooier. Eleganter vooral. Iets van een grote, trage vogel, had ze. Een meeuw. Een ooievaar. Een pelikaan die na een lange reis onverwacht bij ons thuis neergestreken was. En die hier kwam uitrusten en verse krachten opdoen.

– Gij moet goed eten!

Dat hoorde ik mijn vader voortdurend zeggen tegen haar en hij schepte haar bord telkens weer op met veel te veel. Nog maar amper veertig kilogram woog ze toen ze uit China terug thuiskwam. Zo rond haar vijfentwintigste had ze ook nog maar zo weinig gewogen, vertelde mijn moeder. Toen was ze in hongerstaking gegaan omdat ze niet 'binnen' mocht van grootvader en grootmoeder. En pas na weken waren haar ouders bezweken voor die chantage.

– Jongens genoeg anders hoor die achter haar aan liepen. Er waren er verschillende die spijt hadden van haar.

– Spijt?

– Ja, spijt. Eén van haar aanbidders die me dat achteraf ooit zelf gezegd heeft.

– Wat gezegd?

– Dat hij het eeuwige sund vond van haar.

– Tante nonneke, waar is uw ventje met zijn plastronneke?

Stijfsel. Lijnwaad. Wol en katoen. De grote, witte ovale gummikraag die ze droeg. Wijde mouwen waar ze haar zakdoeken in wegstak. Net onder haar ellebogen bleven die daar dan ergens vastzitten. Hoe, dat was mij ook al een raadsel. Maar waar zat de rest? Waar ergens zaten ze verstopt: haar borsten, haar heupen, haar knieschijven, haar gewrichten, haar kuiten, haar ribben, haar schouderbladen? De slijtageslag die het dragende lichaam leverde onder het gewicht van zoveel textiel. Het schuren. Het gladstrijken. Het effenen en het afplatten. Krakende, zwarte leren sandalen staken onder de zoom van haar witte habijt uit en een groot houten crucifix bengelde op haar borst. Haar wangen die een beetje opbolden door het stijfgestreken, witte linnen dat haar hoofd helemaal omspande. Van voren leek haar kap op de boeg van een vliegdekschip. Tante Gabriëlle, tante Yvonne, tante Wis..., dat waren nog eens èchte tantes en zo gedroegen die zich en zo zagen ze er ook uit. Rond en blozend in hun openhartige bloemetjesjurken en met hun haar vers gepermanent en aldoor maar kwetterend

30

en taterend onder elkaar gelijk mussen. De bakker en de beenhouwer en de doktoor. En van bij de naaister tijdens het passen van de nieuwe overjas die ze in de maak hadden en van onder de haardroger bij de kapper. Maar zij daarentegen, eigenlijk was ze precies wat ze altijd al geweest was voor mij: een tante van papier, een brief die je openvouwt en afleest. En die je daarna dichtplooit en lichtelijk verwonderd weer wegsteekt.

– Het schijnt dat er ook een Amerikaanse missionaris is aangekomen uit China die ze de tong hadden afgesneden. (nonkel Jan)
– Toch niet waar zeker? (moeder)
– Op de radio hebben ze dat gezegd. En het stond ook in de gazet. In *Het Nieuwsblad*. En ook in *Het Volk*. Op het eerste blad. (nonkel Jan)
– Niet zien staan. (vader)
– Ge moet nog maar eens kijken. (nonkel Jan)
– *De Standaard* is voor de intellectuelen en *Het Volk* is voor het volk. *Gazet van Antwerpen* kan ook iedereen lezen. *Het Nieuwsblad* is veel sport. De *Volksgazet* is van de socialisten. Maar eigenlijk staat er overal hetzelfde in, in alle gazetten. (nonkel Remi)
– Ze zijn daar duchtig huis aan het houden geweest ja, de communisten. (tante Yvonne)
– Naar het schijnt ook een verschrikkelijk moeilijk volk, die Chinezen. Koppig. Altijd alles beter weten. Niks willen aannemen van iemand anders. Hun eigen

goesting doen. En maar Chinees klappen onder elkaar heel de tijd. Begint maar! Ga daar als Vlaamse non maar tussen zitten! (vader)

– Ze had zij daar eigenlijk toch niks te stellen ook niet. (nonkel Remi)

– Ze had nooit naar zo'n groot land mogen vertrekken. Ze had beter een klein landeke gekozen. Waar de mensen wat vriendelijker zijn. Want zoveel volk dat daar bijeenzit. In die grote landen hebben ze het dan meestal nog hoog in hun bol ook. (vader)

– De Congo ware misschien beter geweest ja. (moeder)

– Dat is nochtans ook geen klein land. Tachtig keren België. (nonkel Remi)

– Maar de zwarten zijn naar het schijnt wel heel wat vriendelijker dan de Chinezen. Die laten de nonnen en de paters tenminste gerust. 't Is daar ook veel warmer. Ge moet daar zo geen kou lijden gelijk in China. (tante Yvonne)

– En veel meer bekend ook met de Belgen. Maar ja, niks aan te doen: het moest en het zou China worden. Ergens anders wilde ze niet naartoe. Ik heb het haar in het begin ook nog gezegd hoor: maar Roza toch! Naar China! Dat is nog niet bij de deur! Moet dat nu echt zo ver? Zoudt ge niet vragen aan uw oversten voor wat dichter bij huis? Waar het wat warmer is en waar ge een beetje meer vertrouwd zijt met de mensen? Wat hebt ge in godsnaam nu toch in China verloren? Maar ja, ge kent haar: niks meer aan te doen. 't Was al China wat de klok sloeg.

Zij was al lang niet meer van haar gedacht af te brengen. (nonkel Jan)

– Wat zegt ze er nu zelf van, ons Roza? Heeft ze nog iets gezegd? (tante Gabriëlle)

– Nee, niks. (vader)

– Zij zingt al een toontje lager. (nonkel Remi)

– Een mens zou nog gaan denken op den duur dat háár tong ook in China achtergebleven is. (tante Wis)

– Ssssjt! Seffens hoort ze ons nog bezig. (moeder)

Maar nu begreep ik ineens wel waarvoor die waakhond diende: er was iets gebeurd en nu was die andere non daar om te beletten dat tante Roza door de boze wereld nog meer kwaad zou worden aangedaan. Hoewel, meestal was ze best aardig en voorkomend, de non die haar vergezelde. En met tussenpozen hoepelde Zuster Irma voor een paar dagen weer op. De kust eindelijk vrij.

Tante Roza had voor ons uit China een paar cadeautjes meegebracht. Uit een grote, houten reiskoffer diepte ze die op. Ze waren keurig verpakt en gewikkeld in een Engelstalige krant. Een pantoffeltje van massief geel koper en een beschilderde waaier met zwarte, ebbehouten ribben. Ik raakte verward door de koude van het metaal die ik voelde telkens als ik het pantoffeltje in mijn hand nam. Verrassend zwaar woog het ook. Ik hield van het geluid dat hoorbaar was als je de waaier open- of dichtklapte. De combinatie van glad hout en dik, stevig papier. Ik bewonderde het sierlijke aquarellandschap met de Chinese karakters dat je naar believen kon openvouwen of weer opbergen in zijn eigen plooien. De geheimen van dat wonderlijke, gepenseelde schrift. Steile rotsen vol met oude, kale bomen. De besneeuwde bamboeschutting van een boerenhuis in de verte. Het rood en het lichtblauw van een bruggetje over een rivier. Op de voorgrond een mandarijn gevolgd door zijn twee dienaren. De overhangende kruin van een boom op de rivieroever. De ragfijne vertakking van de berijpte twijgen tegen het parelgrijs van de hemel. Zelfs het briesje dat er zich roerde was voelbaar als je de waaier in beweging bracht. Zoveel verte en zoveel vreemds die te voorschijn werden getoverd en die je met één handbeweging op een al even raadselachtige manier kon laten verdwijnen. Open en dicht. Open en dicht.

Zelf ritselde en kraakte zij ook een beetje wanneer zij haar hoofd draaide of haar schouders bewoog. En het tochtte altijd lichtjes als tante Roza mij met haar lange wiegende kleren voorbijliep.

The Pearl heette de krant waar die cadeautjes in zaten. Er stonden ook foto's in afgedrukt. Van een onduidelijke troep vluchtelingen op een pontveer. Van een Engelse gouverneur met een witte tropenhelm op. Van katoenbalen die overgeslagen werden van een Chinese lichter op een Duits vrachtschip.

Of ze nog rook naar de zee, naar boten en treinen en naar rijstvelden, daar probeerde ik achter te komen door voortdurend om en rond haar te hangen. Op gevaar af als klein jongetje voorgoed te verdwalen in of bedolven te raken door dat wijde nonnenkleed van haar. Maar nee, ze rook naar niet veel eigenlijk. Alleen een klein beetje muf misschien. Muffigheid die ze verspreidde van tussen haar plooien en kieren. Verkreukeld. Van karton en gesteven katoen. Een wezen dat op geen enkele manier nog bij een mensenfamilie scheen te behoren. Laat staan bij onze familie.

Als ik alleen was met haar kreeg ik haar aan de praat soms. Maar het was niet gemakkelijk. Het lukte niet al te vaak.

– Hebt gij nog haar?

– Jazeker.

– Welke kleur?

– Donkerbruin.

– Krullen?

– Vroeger wel een beetje ja.

– Ahzo.

– Maar die zijn nu afgeknipt.

– Waarom?

– Omdat ik nu altijd een kap draag.

– Droegt ge het lang, uw haar vroeger?

– Tot op mijn schouders als ik het losmaakte.

– Zo lang?

– Zo lang ja.

– Wie heeft het toen kort geknipt?

– Tante Gabriëlle, geloof ik.

– En grootmoeder?

– Die wilde niet.

– Waarom niet?

– Daarom niet.

– En wie knipt uw haar nu?

– Een zuster.

– Die met u is?

– Een andere.

– En wie knipt dan het haar van die andere?

– Met de zusters altegaar knippen we elkanders haar.

– Ahzo.

– Zo gaat dat ja.

– Zet uw kap af dat ik u ook eens kan zien zonder?

Heel verstoord keek ze me ineens aan toen. En ik moest niet verder aandringen. Dat wou ze beslist niet.

Op den duur verdacht ik haar ervan dat ze die kap nooit afdeed. Niet overdag. Zelfs ook niet wanneer ze te bed ging. En omdat mijn broer en ik daar zo onze twijfels bij hadden, zijn we met z'n tweeën eens opgestaan 's nachts om te kijken. Met onze gestreepte pyjamaatjes aan stonden we toen wel een kwartier lang in het donker op de gang voor de deur van haar slaapkamer te aarzelen en te fezelen. Een hand aan de deurkruk. Mijn hart bonzend in mijn keel.

- Vooruit, kijk dan!
- En als ze nog wakker is?
- Zij slaapt al lang.
- En als zij wakker wordt?
- Zij wordt niet wakker.
- Misschien heeft ze het licht nog aan?
- Wat zou het. Het licht is uit. Dat kan ik zien door het sleutelgat.
- Wat ziet ge nog?
- Niks. Het is pikdonker.
- Laat mij eens zien.
- Ge ziet geen steek.
- Misschien is ze haar eigen aan het wassen.
- Aan het wassen nu toch niet zeker.
- Nonnen wassen hun eigen in het donker hoor!
- Waarom in het donker?
- Om hun eigen dan niet bloot te moeten zien.
- Hoe weet gij dat?
- Zomaar.
- Ik zie geen enkele beweging.
- Maar ik hoor toch iets.
- Ik hoor niks.
- Jawel.
- Kijk dan! Ge durft niet.
- Gij ook niet.
- Jawel.
- Kijkt gij dan.

Ons gesmoord gegiechel op de gang. Uitlopend op een

vlucht halsoverkop terug naar onze slaapkamer waar we het bed in doken om het daar onder onze dekens, bevangen van de vreemdste emoties, uit te gieren van het lachen. Kijken is er toen niet van gekomen nee, want even later bleek haar deur domweg op slot. Ik beeldde mij in dat ik haar opnieuw hoorde. Biddend en wakend, rechtop zittend in haar bed. De hele nacht lang. Met een lang wit nachtkleed aan en met een paar hoofdkussens in haar rug. En met haar kap op. Dat was vast de reden waarom zij elke morgen opnieuw zo onberispelijk en ongekreukt weer te voorschijn kwam.

Maar 's anderendaags 's ochtends bij het ontbijt moest ze ons getweeën zo wel eens met een ijskoude blik aankijken toen, tante Roza.

Er waren sommige dingen die zij te veel had, hoorde ik. Waar zij niks mee deed, naar het schijnt. Waaraan nooit iemand behoefte had. Het had met haar lichaam te maken.

'Nog nooit gebruikt,' zei nonkel Remi.

'Wat dan?' vroeg ik.

– Raad eens.

– Oog? Hand? Voet? Arm? Vinger? Oor? Teen?

– Neen.

– Wàt dan?

Toen moest hij zo eens lachen. Dat deed hij wel vaker, nonkel Remi: zo eens lachen in plaats van te antwoorden als je aan hem iets vroeg.

– Vooruit Roza, neemt nog wat!

– ....!

– Zo weinig!

– ...!!

– Dat is niet eten wat gij doet!

– ..!!!

– Jawèl! Dat kunt ge nog wèl op. Dat gaat er nog gemakkelijk bij! Daar hebt ge vast nog wel wat plaats voor.

– .!!!!

– Eén kommeke rijst per dag ocharme, wat is dat nu!

– !!!!!

– Hoe zeggen ze vla-met-room-en-kriekskens in het Chinees?

– .....?

Vaak sloot zij zichzelf langdurig op in de wc. Tussendoor ging ik dan zo wel eens aan de wc-deur kloppen of luisteren. Ook al hoorde je niks, het was dwars door de deur heen te voelen dat ze nog altijd daar was. Koppig, stom, hardnekkig.

'Het zijn de medicijnen,' zei mijn moeder.

– Hoe? Wat? Welke medicijnen?

Maar geen verder commentaar, nee.

– Tante Rooooo-za?

Geen antwoord.

'Hebben ze haar zeer gedaan in China?' vroeg ik aan mijn moeder.

Daar kwam ook al geen duidelijk antwoord op.

In het halfduister van de voorste kamer die was volgestouwd met meubels, nog afkomstig van grootvader en grootmoeder, trof ik haar op een middag aan terwijl ze zat te bidden. Geknield op de blote, koude vloertegels. Met haar armen in de lucht. Een koperen kruisbeeld en het portret van haar ouders vlak voor zich op het marmeren blad van de schoorsteenmantel. Wanneer het heet was in de zomer, bleef in die kamer ook overdag het grote rolluik omlaag. Maar er zat een kogelgat nog van tijdens de tweede wereldoorlog in dat rolluik. En ook op andere plaatsen priemde het zonlicht naar binnen door de spleten en kieren. Ze zat er met de rug naar mij toegekeerd. Af en toe onderbrak zij haar gebed en hoorde ik hoe zij snotterde en snufte. Onbeweeglijk zat ze daar. Als was ze een pop. Een vogelverschrikker. Als ik voorzichtig was, kon ik gemakkelijk tot vlak achter haar komen zonder dat ze daar iets van merkte. Geneigd ik om haar onverhoeds in de rug aan te vallen en te overmeesteren. Een wild gevecht waarbij ik met mijn handen onder haar doeken en kleren graaide. De razernij waarmee ik haar stijve karkas in stukken brak. Ineens keek ze om.
– Ewel gij, wat hebt ge nu weer nodig?

Ze klepperde en klapperde. Ze kraakte en ritselde. Ze ruiste en ze plofte en ze kriepte. Het gerommel in haar grote, magere buik dat ik meende te horen soms.

Maar ook: zo stil dat het nu was, bij momenten, in huis. En dat kwam ook door haar, vond ik. Doordat zij daar maar zat en zweeg en maar amper nog bewoog. Soms wel een uur aan een stuk. Als ik buiten was onderbrak ik af en toe mijn spel voor haar en dan ging ik naar binnen loeren om te zien of ze nog altijd even zwijgzaam bij het raam zat, om te controleren of ze nog altijd niet in beweging was. Nee hoor. Daar maar zitten en zwijgen. Met haar paternoster of met haar zwart kerkboek op haar knie. Rood op snee. En blank als brood vanbinnen. Zwart bedrukt. Met grote, vette initialen. Aan een boterham besmeerd met hagelslag deden die pagina's me soms denken. Wat is dat toch allemaal met dat kerkboek van haar? Waarom maakt het haar zo stil? Waarom zit ze er vaak urenlang mee op de schoot? Staat er in haar exemplaar iets bijzonders misschien dat haar gedachten zo in beslag neemt? Nee, niks bijzonders zo op het eerste gezicht.

Gewoonlijk maakte ze een eind aan dat stilzitten door luidruchtig haar neus te snuiten. Minutenlang was ze in de weer met haar grote witte zakdoek die ze in de opening tussen haar duim en wijsvinger propte tot een klein kussentje waarmee ze uitgebreid haar neusgaten dopte.
– Ze is terug levend.
Daarna pas kon ik weer gerust voortspelen.

Liever het gezelschap van dat kerkboek dan ons gezelschap. Wat is er verkeerd aan ons, tante Roza?

In plaats van lopen of stappen, was het eerder schrijden wat zij deed. Dat kwam natuurlijk omdat zij zo lang en mager was. Haar handen verborg zij dan vaak onder haar bef, op de plaats waar normaal gesproken haar borsten moesten zitten. Of was ze die ook al kwijt misschien? Waren het haar borsten waar haar beide handen dan tevergeefs naar tastten al die tijd? Ik besloot mijn oudste zus te raadplegen daarover.

– Maar nee gij! Dat is van magerte.

– Hoezo van magerte?

– Bekijkt anders Zuster Irma maar eens goed. Wat voor een schap díe wel heeft!

Ze was niet ver geraakt, tante Roza, nadat ze onverwachts op moeders damesfiets van ons huis was weggereden. De loslopende hond van de buren was haar blaffend achterna geschoten en al na een paar honderd meter rijden raakte ze met haar kleed tussen de fietsketting. Ze was zelfs bijna gevallen. Er hing kettingsmeer onder aan de zoom van haar kleed. Dat moest gewassen worden.

'Ik weet niet of dat er nog uit zal gaan,' zei mijn moeder.

Toen bleek dat tante Roza ook nog een ander kleed had. Voor de zondagen en de feestdagen. De stof was nog fijner, lichter, helderder, feestelijker.

's Anderendaags had ze haar doordeweekse habijt opnieuw aan. Als je goed keek, kon je zien dat de smeer er na de eerste wasbeurt inderdaad nog niet helemaal uit was.

''t Is sund,' zei moeder.

'Wat moet zìj nu in godsnaam nog op een fiets kruipen!' zei vader. 'En daarbij: zo'n non op een fiets, dat is toch ook geen gezicht!'

'Het is goed om armen en benen te breken,' antwoordde moeder.

De stof van haar habijt had de kleur van melk, room ('zaan' noemde moeder dat altijd), biest. Het had de kleur van het karretje van de ijsventer dat op zondag kwam langsgereden. De kleur van papier dat in de zon had gelegen, van beddelakens die te lang in de kast zijn gebleven, melk met saffraan, rijstpapier en ivoor, vers geschaafd vurehout. De kleur van gedroogd riet, woestijnstof, verduurde glasgordijnen. Maar soms, als ze buiten was en de zon scheen op haar kleed, dan zag ze weer zo verblindend wit dat ik er helemaal draaierig van werd.

Mijn moeder vond het toch ook wel mooi soms, zei ze: ons Roza, op die zwarte kap na, zo helemaal in het wit.

Een spook, dacht ik soms. Een wandelend wit beddelaken.

Dagdromen. Tante Roza houdt me in haar armen. Ze

heeft me half bedolven onder haar kleren. We hebben het nu allebei lekker warm. Onze slapen raken elkaar bijna.

Ik kon mij van tante Roza niet voorstellen dat zij vroeger ook een gewoon kind of een jong meisje als de anderen was geweest. Met een rok en een bloesje aan zoals mijn ene zus of met een jurk en een paardestaart zoals mijn andere zus. Ik kijk over de rand van tante Roza's wiegje en daar ligt een op zijn fopspeen zuigende baby met nonnenkleertjes aan die mij met grote, verbaasde ogen aankijkt. Ik loer door een ruitje het klaslokaal binnen van de meisjesschool en niet alleen vooraan op de trede staat een non maar ook op de banken zit er een, zie ik. Een vlijtig kind-nonneke. Met de griffel in haar rechterhand. Haar met een kap bedekte hoofdje over een lei gebogen. En toen ze uit de buik van grootmoeder te voorschijn kwam, zo stelde ik mij voor, was die kap ook het eerste wat men van haar te zien had gekregen.

Op een dag, toen ik rond het middaguur thuiskwam van school, heerste er daar grote opschudding. Tante Roza hield zich al de hele voormiddag in haar kamer verschanst. Haar deur had ze op slot gedaan, gebarricadeerd zelfs, en voor geen waarom wilde ze nog te voorschijn komen. Mijn ouders waren er helemaal van overstuur en moeder was ten einde raad de nonkels en tantes gaan bellen. Naar Zuster Irma in Leefdaal had ze ook gebeld. Die was al onderweg naar het scheen. Vader liep door het huis te ijsberen en om het kwartier schoot hij de trap op en probeerde hij roepende op de gang tante Roza alsnog te overreden.

– Is alles goed met u Roza?

– Allee toe nu! Doet eens rap open die deur!

– Wat is er toch allemaal met u?

– Wat moeten wij niet gaan denken van u op den duur! Gij moet toch iets eten! Gij gaat daar nu toch niet de hele dag op uw kamer blijven zitten zeker, zo zonder eten of iets?

Van mijn eten kwam er die middag ook niet veel meer terecht. Moeder stopte mij en mijn oudere broer in de gauwte een appel en een paar boterhammen in de handen en prompt werden wij daarna terug naar school gestuurd.

Neenee niks van, en geen verder commentaar ook niet.

'Zij heeft het goed zitten precies,' zei mijn broer onderweg tegen mij.

Heel die namiddag op school was tante Roza met niks meer uit mijn gedachten weg te branden. Op den duur begon ik mezelf al wijs te maken dat het allemaal de schuld was van mij en van mijn broer.

Toen ik 's avonds na schooltijd eindelijk weer thuiskwam, trof ik er de bijna voltallige familie rond de feestelijk gedekte tafel aan. Moeder, vader, tante Yvonne, tante Gabriëlle, nonkel Jan, Zuster Irma. En tante Roza.

In huis rook het naar verse koffie. Het ging er vrolijk en opgewekt aan toe. Het probleem was opgelost. Niks meer aan de hand. Met geen woord werd er nog gerept over het gebeurde. Zuster Irma sneed de verse broodjes middendoor. Tante Roza besmeerde ze met echte boter en belegde ze daarna met plakjes oude of jonge kaas. Al naargelang.

Ze slaapt. In de rieten zetel van de veranda is ze ingedommeld. De slaap heeft haar verrast. Dat weet ik zeker.

'Ssst,' zegt mijn moeder. 'Laat haar.'

Een beetje onderuitgezakt zit ze daar nu. Kop in kas. Kin op de borst. En het hoofd een beetje scheefgezakt. Haar handen samengevouwen op haar schoot. Het komt goed uit dat ik op kousevoeten rondloop nu.

'Kom eens kijken,' zeg ik tegen mijn broer. 'Tante Roza slaapt. Zij is in de veranda in slaap gevallen.'

Ik schrok in het begin toen ik haar zo zag. Ik dacht eerst dat ze dood was. Nu zag ze er nog heiliger en onaantastbaarder dan anders uit. Maar zo mager. Zo moe. Van zo ver gekomen. Helemaal van China. Om dan hier bij ons op een middag in de zwoelte van de veranda in slaap te sukkelen. Tussen de geraniums, de bijen, de wespen, de strobloemen. Haar paternoster was op de grond gevallen. Tussen haar voeten lag hij. Zwartgebrande koffiebonen aan een draad geregen.

'Begot,' zegt mijn broer, 'het is nog waar ook: haar ogen zijn dicht, zij slaapt.'

'En gij moet haar nu gerustlaten,' zegt mijn moeder tegen mij. 'Doet iets aan uw voeten en ga buiten spelen.'

Er waren dagen dat ze de hele middag sokken en kousen zat te stoppen. De onze. Uren aan een stuk. Stilzwijgend. Heel nauwgezet en precies. Soms zat ze ook de aardappels te schillen. Ze deed daar dan altijd heel lang over.

'Véél te lang,' zei mijn moeder.

Maar die aardappels waren dan wel onberispelijk geschild altijd. Ze hadden de vorm en het effene van eieren. Of van keien.

Ik vond ook dat er met haar huidkleur iets aan de hand was. Wellicht van zo lang ondergedompeld te zijn geweest in al dat geel. En zoals bij de was soms leek het net of die kleur een beetje had afgegeven op haar vel.

– Zegt eens iets in het Chinees.

– Ik? In het Chinees?

– Ja. Gij kent toch Chinees.

– Wat moet ik zeggen?

– Iets. Maar dan in het Chinees.

– Wat?

– Zegt maar wat. Het is gelijk. Of nee. Hier. Leest eens wat er hier in de waaier geschreven staat.

En toen las zij. In het Chinees.

– Wat betekent dat?

Het was een vers waar het woord 'ijsvogeltjes' in voorkwam, herinner ik mij. *IJsvogeltjes zitten zij aan zij op de wilgetwijgen.* Of iets in dien aard was het in alle geval. *Zo klein, o zo klein.*

– Vindt ge het schoon klinken?

– Heel schoon. Leest nog eens.

Toen las zij opnieuw.

Perplex stond ik.

– Leest nog eens en nog eens en nog eens.

– Och gij.

We genoten ineens ook veel meer aandacht dan anders, merkte ik, wanneer we met z'n allen achter tante non aan de kerk binnenstapten voor de zondagsmis. Vader en moeder gingen echter nooit mee met ons. Die hadden hun gauw-gauw vroegmisje dan meestal al achter de rug. Nu tante Roza bij ons was, zaten we in de kerk ook altijd veel meer vooraan dan vroeger. Er werd gefezeld, hoorde ik, vlak achter ons en naast ons en zelfs waren er sommigen van de rij voor ons die uit nieuwsgierigheid even omkeken als we eindelijk goed en wel neerzaten op onze stoelen. Voordien gebeurde het vaak dat we te laat kwamen en dat we ons tevreden moesten stellen met een plaatsje helemaal achter in de kerk of soms zelfs dat we bij gebrek aan een vrije plaats heel de mis lang moesten staan. Maar sinds tante Roza bij ons was, gebeurde dat niet meer. Ruim op tijd waren we nu. In afwachting van het misbegin spoorde ze ons aan tot schoon stilzitten en weesgegroetjes en onzevaders bidden ondertussen.

Toen de mis was begonnen, antwoordde zijzelf vuriger dan wie ook op het Latijn van de celebrant die de voorbeden bad. Ik zag haar heel ingetogen in zichzelf wegzinken als de misdienaar zijn bel rinkelde en de consecratie aankondigde. Ik hoorde haar stem luider dan ooit meeklinken met het zangkoor dat op het doksaal het Agnus Dei inzette. We stootten elkaar aan, ik en mijn broer. We beten op onze lippen. We waren een beetje verlegen om haar. We doken giechelend en beschaamd weg in de kraag van onze overjas. We kuchten. We camoufleerden ons gegibber door uitgebreid onze neuzen te snuiten in onze zakdoeken. Hoort die nu toch eens! We vonden dat ze af en toe toch wel danig kon overdrijven, ja.

Maar voor ik het goed en wel besefte, knielde ik vlak naast haar neer op de eikehouten communiebank die vooraan in de kerk de scheiding vormde tussen het priesterkoor en het schip. Mijn handen stak ik onder het witte kleed dat eroverheen geslagen was en met de twee duimen en wijsvingers vormde ik dan, zoals mij trouwens was aangeleerd bij mijn eerste communie, een soort van tafeltje onder mijn kin. Gereed om de hostie op te vangen voor het geval er wat misliep bij de uitreiking. Toen ik vanuit mijn ooghoeken opzij keek, zag ik tot mijn verbazing dat tante Roza daar naast mij in een heel andere houding op de communiebank gereedzat. Met haar ogen dicht. Haar armen hield zij gekruist tegen haar borst en haar vingertoppen raakten daarbij haar schouders. Maar ik zag nog meer dan dat. Ineens was daar

49

ook weer haar tong. Verder dan ooit had zij die nu uitgestoken en ze bewoog ze lichtjes. Een lap roze, nat en blinkend vlees. In al zijn glorie. Het topje en de randen van haar tong waren een beetje opgekruld als bij een schelp, een schaaltje van vlees leek het wel, smachtend en verlangend en gereed om te ontvangen wat de pastoor ook aan de andere communiegangers uitdeelde. Hoe groot en lang de hare nu wel was in vergelijking met al die andere uitgestoken tongen, zag ik. Zo dik en zo roze. Ik kon er mijn ogen niet van afhouden. En toen zij eindelijk haar hostie gekregen had, zag ik ook hoe ze die enorme tong, met midden daarop dat smetteloos witte ronde plakje, heel traag en voorzichtig naar binnen haalde. Ik zag hoe ze met haar lippen smakte, haar kaken op mekaar klemde en het hoofd even op haar borst liet zinken terwijl ze, nog altijd met haar ogen dicht, iets onverstaanbaars mompelde. Toen pas maakte zij aanstalten om weer van de communiebank op te staan.

'Mond open gij!' hoorde ik ineens iemand tussen zijn tanden sissen. En toen pas zag ik dat de pastoor al vlak voor mij stond. Verstoord keek hij me aan. Met in zijn ene hand de kelk en tussen zijn duim en wijsvinger van de andere hand een verse hostie die hij tot tegen het topje van mijn neus duwde. Onmiddellijk sperde ik mijn kaken wijd open en op mijn beurt stak ik mijn tong uit. Ik verslikte me nog bijna in die hostie van het schrikken. Vliegensvlug stond ik weer op en met mijn rode, verlegen kop haastte ik me achter tante non aan door de middengang terug naar mijn plaats. Ze leek wel van ijzer toen ik eindelijk weer naast haar op mijn stoel zat.

Eén keer heeft ze me op haar schoot genomen, herinner ik me. Daar was ik nochtans allerminst mee in mijn schik. Omdat het in het openbaar gebeurde. En ook omdat ik mij daar te groot voor voelde. Het was niet aangenaam nee. Het was theater dat zij opvoerde ten aanschouwen van heel de familie. Het was een opvoering waarbij ze me alleen maar gebruikte als een soort van toneelrekwisiet.

– Zo lief dat ze toch waren, die Chinese kindjes. Ik had er wel een dozijn van willen meenemen.

Als had zij die tekst vooraf uit het hoofd geleerd.

Te dichtbij was ze nu ook, vond ik. En ze rook nog neutraler dan ik dacht. De stof van haar habijt voelde onaangenaam aan mijn blote benen. Een stugge, ongezellige schoot. Toen ze me tegen zich aan trok, voelde ik de harde, scherpe kanten van het crucifix dat ze op haar borst droeg in mijn rug steken. Mijn oudere broer had ook van alles in de gaten en ondertussen zat hij daar dan verdoken te giechelen en het uit te proesten van het lachen. Beschaamd en verlegen was ik. De opluchting toen ze me weer op de grond zette en losliet.

'Klein kinneke,' zei mijn broer tegen mij.

Soms ving ik flarden op van de gesprekken die mijn ouders voerden met Zuster Irma. Gemompel van achter de hand. Gefluister. Gesmoord gefezel. Afgebroken zin-sneden. Maar luid genoeg en ruim voldoende om er mijn fantasie tot overspannens toe mee aan de slag te laten gaan.

– ... met een Hollandse cargo in Hong Kong...

– ... toen hier de bommen vielen, was het zeker niet de moment om eruit te trekken thuis en haar oude vader en moeder alleen achter te laten.

– ... op vraag van de paus van Rome...

– ... Tsjang Kai Tsjek.

– ... op het Belgisch consulaat.

– ... schuldbekentenissen.

– ... geduld, geduld...

– ... de kracht van de sacramenten.

– ... de bombardementen op Leuven en Leefdaal...

Maar het mooiste en het spannendste van wat ik zo al luistervinkend kon opvangen, vond ik toch déze zin:

'De Gele Rivier is bevrozen.'

En die kwam dan nog uit de mond van tante Roza zèlf. Nadat ze weer uitgebreid had zitten zwijgen aan tafel. Zodat al de anderen meteen hun mond hielden en iedereen mekaar verbaasd aankeek. De Gele Rivier is bevrozen. En ik had nog maar pas geleerd op school dat we niet *bevrozen* mochten zeggen, maar wel *bevroren*. 'Met een -rrrr,' zei de meester. 'Met een -rrrr in plaats van een -zzzz.' Maar die fout deerde nu niet het minst. Integendeel. Zo'n stralende, heldere en welluidende zin, vond ik het, die zij nu ineens had uitgesproken. En hij klonk mij na in de oren alsof ik niet alleen over het ijs van die rivier maar evengoed over de klank van deze woorden kon schaatsen als ik dat wilde.

De Gele Rivier is bevrozen. De Gele Rivier is bevrozen.

Samen met Zuster Irma ging ze na de middag geregeld wandelen over de veldweg die voorbij de boomgaard tussen de akkers door naar het naburige dorp voerde. Zo stappend door het open veld was hun verschijning nog opmerkelijker dan anders. Op geen enkele manier pasten zij in het landschap, vond ik. De kieviten cirkelden agressief tot vlak boven hun kappen en zelfs de koeien hielden verbaasd op met grazen. Ze maakten gekke bokkesprongen en kwamen, de staart recht omhoog, tot vlak tegen de weideafsluiting staan gapen naar de twee wezens die voorbijstapten. Zuster Irma die ondertussen maar op tante Roza inpraatte, zag ik. Ik vroeg mij af wat ze haar toch allemaal te vertellen had. Meelopen met hen mocht ik dan niet.

'Gij moet toch overal niet met uw neus bij staan zeker,' zei mijn moeder tegen mij.

Soms hielden ze halt tijdens het lopen. Dan ineens gingen ze weer voort. En maakten ze rechtsomkeert. Dat had ik op die weg nog nooit iemand anders zien doen. Een eindweegs weglopen en dan omdraaien en op zijn stappen terugkeren. Maar als zij getweeën weer genaderd waren tot op zo'n meter of twintig van de plek waar ik op mijn hurken in het bermgras zat te wachten, draaiden ze opnieuw om en alles begon van voren af aan. Mij lieten ze alleen met de boterbloemen, de netels, de hommels en de slakken in het gras. Alsof ik niet bestond. Terwijl ze nochtans goed wisten dat ik op hen zat te wachten. Telkens draaiden ze om en liepen ze weg van mij en kwamen ze opnieuw terug. Ik verdacht hen ervan dat ze komplotteerden tegen mij. Dat ze mij uitlachten. Tureluurs werd ik ervan.

Eindelijk kwamen ze door.

En dan had ik een gevoel alsof het aan mijn waakzaamheid en mijn geduld te danken was dat ze niet op een van die middagen voorgoed aan de horizon verdwenen waren met z'n tweeën.

– Ligt Zuster Irma, als ze blijft slapen, lekker samen met tante Roza in één bed?

Nog iets dat voor mij toen al die tijd een raadsel is gebleven.

(Een bed vol warme stenen voor haar kille lijf, haar kouwe voeten. En 's morgens in de vroegte geurt zij als versgebakken brood. Haar korst kraakt en kruimelt. Wit van binnen. Zacht. Met grote gaten.)

In plaats van een steen namen wij nu 's winters een geribde rubberen zak mee in bed die gevuld was met heet water.

– Is Zuster Irma haar bedwarmer misschien?

Grote voeten dat tante Roza ook had. Zulke enorme

voeten die ze had steken in die krakende leren sandalen van haar. Dat kwam vast ook door al dat reizen, veronderstelde ik. Dat lopen en dat staan en dat urenlange wachten op kaden en perrons. Van al dat rennen over de aardbol. Rust noch duur.

Toen ik die sandalen van haar eens op de gang naast de deur van de slaapkamer zag staan, kon ik het niet laten ze grondig te controleren. De zolen, de riempjes, de gespen, de hielen. En ook zo eens aan rieken. Maar nee, niks aan. Ze roken alleen maar naar schoenen, haar sandalen.

– Zuster Irma?
– Ja.
– Hebt gij ook in China gezeten?
– Nee.
– Waar dan wel?
– Op de Antillen.
– Op de Antillen? Waar zijn de Antillen?
– Ginds.

En toen wees zij met haar wijsvinger: ginds ligt China en ginds liggen de Antillen. Helemaal de andere kant op.

– Wat deedt ge daar?
– Missiewerk. Net gelijk uw tante.
– Hoe komt het dan dat gij zo mager niet zijt?

Toen moest ze lachen, Zuster Irma. Ik vond mijn vraag nochtans niet om te lachen.

– We hadden er meer te eten. Bananen. Vers fruit. Groenten. Daar is veel meer.

– Op de Antillen?

– Ja op de Antillen.

Tante Roza en Zuster Irma gingen een paar dagen ergens anders logeren. Waar precies weet ik niet meer. Ze werden in alle geval gebracht door vader. Hij had de kever al voorgereden. Toen ze naar buiten gingen en naar de auto toe stapten hadden ze alle moeite van de wereld met de wind die het ineens krachtdadig op hen gemunt had, zag ik. Ze werden met z'n tweeën helemaal dooreengewaaid tijdens het korte stukje lopen van de voordeur tot aan de auto. De wind rukte aan hun kappen, bolde hun mouwen en deed hun kragen klapperen. Op een bepaald moment zwiepte de rok van Zuster Irma omhoog tot boven de knie. De witte huid van een dij. Het was een amusant gezicht. Ineens kreeg ik dingen te zien die ik nog niet te zien had gekregen van hen: verborgen knopen en knoopsgaten, lange katoenen kousen, een streepje kortgeknipt nekhaar dat onder de rand van een kap uitkwam.

'Foei, stoute wind!' kirde Zuster Irma en ze lachte ietwat verlegen naar mij toen ze zag dat ik het allemaal in de gaten had.

Het leek wel een eeuwigheid te duren voor die twee nonnen met hun hele overhoop gehaalde tuigage achter in de kever waren gekropen. Eindelijk kon vader het portier dichttrekken en de auto opnieuw starten. Ze waren helemaal verwaaid en verkreukeld, zag ik. Ze staken elkaar een handje toe toen ze zich daar op de achterbank met z'n tweeën weer een beetje probeerden te fatsoeneren. Heel druk doende waren ze nu. Ze wuifden zelfs niet eens meer terug naar mij toen vader wegreed en ik, nog altijd staande in de voordeur, naar hen mijn hand opstak.

's Nachts droomde ik van haar. Dat ze plat te bed lag met een paar grote knobbels op haar buik. Toen die knobbels rijp waren en door de dokter open werden gesneden, vlogen er witte jonge duifjes op uit haar buik en kleine zwarte spinnetjes kwamen met honderden van onder haar opengesneden vel te voorschijn gekrioeld.

Soms werd ik ook wakker met het gevoel dat ze weggewaaid was. Als een oude krant ten prooi aan de wind. Als wasgoed dat van de lijn is afgewaaid.

Ga nu maar zoeken.

Ik stond rechtop in de waskuip die in de keuken vlak voor de kachel op de grond was gezet. Moeder was bezig mijn rug en mijn billen hardhandig droog te wrijven toen tante Roza opeens binnenkwam. Ik schaamde me dood. Ik verwachtte dat ze nu meesmuilend zou neerkijken op mij terwijl ik daar nog in mijn dampende blootje stond. Maar nee hoor. In plaats daarvan zag ik hoe ze me van kop tot teen goedkeurend monsterde.

– Zo ne pronte en propere jongen dat gij nu zijt!

Toen liep ze door naar haar kamer. Monkelend, naar ik meende te kunnen opmerken.

Kwaad en onwillig bleef ik met mijn kletsnatte kop achter in mijn waskuip bij de kachel. Kwaad ja, omdat moeder me zo te kijk had gezet. Ik liet niet meer toe dat ze me afdroogde. Dat zou ik voortaan zèlf wel doen.

Bij momenten konden ze ook zo gemeenzaam zijn met elkaar, die twee nonnen. Ze hadden zo van die tekens die ze gaven, een speciaal oogcontact dat ze onderhielden, een woordeloze verstandhouding waarmee ze dubbelspel speelden, van alles verzwegen. Zo meewarig met het hoofd zaten ze te schudden soms, zo neerkijken op ons dat ze dan ook deden, had ik het gevoel. Zo neerbuigend, zo geheimdoenerig, zo laatdunkend, zo trots, zo betweterig, zo hoog boven ons gekrassel verheven. Een koppel nonnen dat op ons af was gestuurd om ons hier te komen uitlachen.

Vuil geiten! dacht ik dan soms.

Op de Antillen
daar krijgt ge dikke billen.
Op de Filippijnen
daar lopen veel konijnen.
En tussen de Chinezen
daar moet ge ook al niet wezen.

Op regelmatige tijdstippen kwam er telefoon voor tante Roza.

Het waren lange monologen die uit de muur kwamen, die zij staande aanhoorde en waar zij aan het einde nauwelijks wat op terugzei.

'Leefdaal,' zei mijn moeder dan achter de rug van tante Roza tegen vader. En op een ietwat spottende toon voegde ze daar soms aan toe: 'Zij krijgt van ginder weer hare preek.'

Van mijn oudste zus wist ik dat ik me bij het woord 'Leefdaal' een groot park moest voorstellen met midden daarin een klooster dat bewoond werd door op z'n minst vijftig nonnen. Samen met mijn ouders en mijn oudere broer, was mijn zus er op bezoek geweest toen tante Roza haar noviciaat deed. Net zomin als de oorlog van de geallieerden tegen de Duitsers was toen voor tante Roza het conflict met haar eigen ouders al afgelopen. Maar dat had allemaal niet belet dat ze er bij ons thuis, met vader aan het stuur van een geleende beestencamion, op een goeie zondagmorgen in één ruk naartoe waren gereden. Bij hun aankomst hadden ze in de refter van het klooster van Leefdaal zoete krieken met gebakken frikadellen te eten gekregen. En daarna hadden ze met tante Roza op kop een rondgang door heel het kloostergebouw gemaakt. Het klinken van de voetstappen in de hoge gangen; het bezoek aan de kapel; het leslokaal waar zij toen van tante Roza met kleurkrijt zo eens iets op het bord had mogen tekenen: mijn zus herinnerde het zich nog allemaal heel scherp. Maar vooral was haar bijgebleven hoe koud en kil het was in de gangen en zalen van dat klooster, vertelde ze mij. En het was toen nochtans midden in de zomer. Wat moest dat daar dan in de winter wel niet zijn want er was naar het schijnt geen verwarming? Mijn broer wist te vertellen dat ze daar ook kippen en geiten hielden, de nonnen van Leefdaal. Samen met tante Roza waren ze door het park immers ook nog helemaal tot aan de kippen- en geitenwei van het klooster gewandeld. En voor de aardigheid had vader mijn broer ineens op de rug van een van die geiten gezet. Iemand had daar toen zelfs nog een alleraardigste foto van gemaakt. Een foto waarom ik trouwens nog lang jaloers ben gebleven op mijn broer. Om hoe hij erop staat vooral: overeind gehouden door vader, moeder en mijn zusje en tante Roza terwijl hij glunderend boven op zo'n gevlekte geit van de nonnen van Leefdaal zit.

– Zijt gij graag een non?
– Heel graag. Met hart en ziel.
– Wat is daar zo plezant aan?
– Alles.
– Wat alles?
– Het offer dat ik mag brengen. Weten dat Onzelievenheer mij voortdurend bijstaat.
– En wat nog?
– Vraagstaart die ge zijt.

Als zij vooroverboog of als zij haar stoel dichterbij

schoof, hoorde je vaak haar crucifix tegen de kast of tegen de tafelrand tokken. Het was de uitgemergelde Christus die zo voortdurend zijn aanwezigheid aan ons kenbaar maakte. Bengelend aan tante Roza's borst. Altijd en overal aanwezig. In de hemel. Op de aarde. En bij ons aan tafel. Al at hij nooit mee.

Soms zoende zij zijn ijskoude, metalen voetjes.

Dat laatste heeft ze ook bij mij eens gedaan. Ik had opnieuw in iets scherps getrapt. Glas. Of ijzer. Ik weet het niet meer. Iets vlijmscherps in alle geval. En ik weet ook nog hoe ik wenend met mijn hevig bloedende voet op haar schoot belandde die zij met een paar handdoeken had afgedekt. Hoe zij heel zorgvuldig de wonde schoonwaste en ontsmette. De dokter erbij halen was helemaal niet nodig, had mijn vader geoordeeld. Tenslotte hadden we met tante Roza een echte verpleegster in huis die de diepe snijwonde in mijn voetzool even goed kon verzorgen als gelijk welke dokter. En terwijl tante Roza stilzwijgend maar zorgvuldig en professioneel een verband om mijn gekwetste voet wikkelde, hield mijn vader niet op met kankeren op mij en met verwijten naar mijn hoofd slingeren.

– Nog een klets bij moest ge krijgen tegen uw oren, gij ja!

De hiel van mijn zere voet lichtjes verzonken tussen haar tegen elkaar geklemde knieën. De weldadigheid van zalf, watten, gaasdoek. Haar vingertoppen die tijdens het aanleggen van het verband ietwat speels telkens weer mijn tenen, mijn enkels en mijn wreef aanraakten. En toen ze helemaal klaar was met mij gaf ze, als was het de kroon op haar werk, een klein kusje op mijn omzwachtelde voet.

– Nu gaat hij gauw weer genezen zijn.

– Ik denk het ook.

– Zal ik die andere voet nu ook nog inbinden? Dan loopt ge erbij gelijk de Chinese meisjes.

– Nee.

– Wilt ge niet graag een Chinees meisje zijn?

– Ook niet.

– Wees dan een flinke Vlaamse jongen. En laat die tranen nu maar achterwege.

– Ze willen niet.

En wat ze toen zei, tante Roza, paste zo helemaal bij de echte verpleegster die ze was. Ze had mijn hoofd tussen haar handen genomen. Haar hoofd boog ze naar het mijne toe. Met de rug van haar hand veegde ze mijn ene wang droog en ze zei: 'In uw oog is er maar plaats voor één druppelken, als 't meer is rolt het eruit.'

Mijn tweede zus had een blauwe badhanddoek over haar hoofd gehangen. Rond haar lichaam had ze een wit beddelaken geslagen dat tot op haar blote voeten reikte en om haar hals hing een zwarte paternoster met het kruisje omlaag. Nu was ze alleen op de slaapkamer. Samen met mijn oudere broer moest ik buiten op de gang wachten. Als we klopten op de deur mochten we binnen. Eén voor een. Mijn broer als eerste. Ik moest mijn beurt afwachten. Heel spannend was dat.

Eindelijk mocht ik ook naar binnen. Kaarsrecht en onbeweeglijk zag ik mijn zus in haar lange witte gewaad boven op het bed staan. Haar voeten half verzonken in de satijnen bedsprei. Haar handen hield ze tegen mekaar voor haar borst. Plechtig en devoot. Zij leek net een heiligenbeeld. En dat het haar bloedige ernst was, merkte ik ook meteen.

'Kniel neer!' zei mijn zus.

Ik vond het hoogst vreemd dat van mijn broer nergens in de slaapkamer een spoor te bekennen was.

– Maak een kruisteken en bid drie weesgegroetjes voor mij!

Geknield aan haar voeten bad ik. *In de naam des Vaders en des Zoons en des Heiligen Geestes.*

– Luider! En uw ogen dicht!

Ik gehoorzaamde.

'Nu moogt ge in de hemel,' zei mijn zus.

Toen beval ze mij om weer overeind te komen en bij haar op het bed te klimmen. Zij tilde de zoom van haar gewaad een beetje op en beval mij onder haar kleed te kruipen. Mijn broer zat daar al, zag ik nu. Stilzwijgend maakte hij zelfs een beetje plaats voor mij zodat ik erbij kon. Licht, veilig en warm was het daar. Het was er spannend ook. *Toren van David. Ivoren toren. Gulden huis. Ark des verbonds. Deur des hemels. Morgenster. Behou-*

denis der kranken. Toevlucht der zondaren. Troosteres der bedrukten. Samen met mijn broer had ik daar wel voor altijd willen blijven.

Een paar weken voor ze opnieuw naar de missie vertrok, hadden mijn ouders de nonkels en tantes weer rond de tafel uitgenodigd en Anna Klaassen kwam koken bij ons thuis.
– Want voor zoveel volk!

In de keuken stond ik erbij te kijken hoe Anna met blote handen en opgestroopte mouwen de eierdooiers mengde in een geëmailleerde witte teil met gehakt vlees en oudbakken brood. Ze was getrouwd met een metselaar die Bart Van Gestel heette. Kinderen hadden Bart en Anna niet. Naar vleesbouillon en naar afgekookte mergpijp rook Anna altijd. Ontzagwekkend zag ze eruit in haar witte, een beetje vettige en besmeurde voorschoot. Als de roomspuit verstopt was geraakt, prikte ze altijd de klontertjes kapot met de punt van een van haar haarspelden die ze uit haar kapsel trok. En achteraf stak ze die speld dan gewoon terug in haar haren. De bijna dagelijkse omgang met grote hoeveelheden voedsel die ze had en die haar ook aan te zien was. Maar vooral viel op hoe concreet en lijfelijk iemand als Anna Klaassen afstak bijvoorbeeld tegen het magere witte wezen dat zwijgzaam mee aan tafel zat en dat profijtelijk, zoniet met tegenzin, van een bord zat te lepelen dat vader ongevraagd veel te vol had geschept met soep. Aan het einde van de maaltijd werd Anna door moeder uit de keuken te voorschijn geroepen om de complimenten te ontvangen voor haar kunsten.

– Anna, wat was het toch weer lekker!

– O ja?

– Vooral de soep was buitengewoon!

– Merci.

– Goed heet. Veel frikadellekens daarin. En goed straf. Maar toch ook weer niet té straf.

– Heeft ze gesmaakt ja?

– Buitengewoon. En ook de kiekens waren heel goed gaar. Het vlees viel van de botjes af. En met die lekkere saus die ge daarbij gemaakt hadt. En zo goed vooruit dat het ging. Zo vlot dat de verschillende gerechten volgden op mekaar. Geen uren dat we op de volgende schotel moesten wachten. En van alles dings genoeg. Niks tekort. Iedereen kon scheppen zoveel hij wilde. Niemand die te reclameren had.

'Pas als iedereen content is, ben ik ook content,' antwoordde Anna Klaassen.

'Méér dan content zijn we, Anna! Nietwaar Roza?'

Maar geen taal, geen teken gaf tante non, zag ik.

'En de afwas heb ik ook nog maar gedaan,' ging Anna Klaassen dan maar verder. 'Dat ge daar morgenvroeg niet meer mee zit.'

'Merci Anna,' zei mijn moeder. 'En ge hebt toch ook uw eigen niet vergeten zeker vanavond?'

'Neenee,' zei Anna.

Helemaal onder het zweet zat Anna. En bleek en moe en afgetobd gelijk een trekpaard zag ze eruit aan het einde van de maaltijd in haar met bloed en boter bevlekte voorschoot.

'En hoe is het met Bart?' vroeg moeder aan Anna Klaassen.

Dat ging wel, dacht Anna. Zo heel veel zag ze hem nochtans ook niet. Heel de dag stond hij te metsen buiten terwijl zij van de morgen tot de avond binnen stond te koken. Bart had wel verteld tegen haar, zei Anna, dat er de laatste tijd zo nogal gemord werd op het werk. Vooral door de jongere metsers die samen met hem op de werf stonden. Met die kou! hadden ze gezegd. Ze snijdt dwars door uwe kop, zegden ze, die kou, als ge hier boven op de stelling staat! Dat was op de werf waar hij tegenwoordig stond zo al een paar dagen aan de gang, had Bart gezegd, zei Anna. Dat gemor op het weer en ook op het werk zelf. En het waren vooral de jongere gasten die dan tegen de metsersbaas begonnen te zeuren van: krijgen wij nog geen vriesverlof onderhand? Hierboven is het nondedju – toen keek ik opnieuw naar tante non maar Anna's vloek scheen haar kouwe kleren niet te raken; niet present gaf ze – niet meer om uit te houden van de kou!

Metst maar door! zegde de metsersbaas dan. Als ge kou hebt dan moet ge maar een slok nemen van uw koffie. Dan drinkt maar eens een keer meer. En doet in het vervolg ook een scheut jenever bij in uw drinkbus 's morgens. Daar krijgt ge het lekker warm van. Maar de metsers hadden geantwoord: hoeveel liters koffie moeten wij dan wel meebrengen naar het werk onderhand? We sleuren nu al liters en nog eens liters koffie in onze schoofzak mee omhoog elke morgen. Daar zijn er zelfs al een paar van ons die met hun zatte botten bijna van de stelling zijn gedonderd nu met de kou van deze laatste dagen.

Metst maar door!

Weet ge wat, had een van die jonge gasten gezegd toen, we zullen aan de metsersbaas eens vragen om te verwisselen anders. Dat hij hier boven in ons plaats komt staan metsen. En wij zullen dan intussen beneden wel in zijn warme keet gaan zitten. Dan kan hij zelf ook eens ondervinden hoe plezant dat is om bij dit weer hier boven op de stelling te staan. De kou snijdt dwars door onze kop! Maar dat laatste ging ook al niet door natuurlijk, had Bart verteld.

Het schijnt, zei Anna, dat ze in Duitsland tegenwoordig bij de mortel een scheut bijdoen van een bepaald produkt zodat de metserij niet meer bevriest. In Berlijn hadden ze dat ontdekt naar het schijnt, had Bart gezegd. Vlak na de oorlog. Toen de Berlijners, in het putje van de winter en terwijl het de stenen uit de grond vroor, daar hun huizen stonden terug op te metsen. Want het is niet alleen bij hun koffie dat de metsers iets bijdoen, als het vriest, zei Anna. Ook bij de mortel, wanneer hij nog in de mortelmolen staat te draaien, kappen ze wat bij, wist ze. Zodat ze voort kunnen blijven metsen, de metsers, ook als het koud is.

– Kennen de metsers van China dat ook al?

– ....!

Bart zèlf kloeg daar nochtans nooit over, ging Anna dan maar voort. Want weer of geen weer, Bart metste altijd maar door, zei Anna.

'Dat zal wel,' zei mijn moeder.

Ja maar als het héél vies weer was, deed zij 's morgens in het geniep toch ook altijd een klein scheutje cognac bij in Bart zijn drinkbus, zei Anna.

'Waarom ook niet?' zei mijn moeder.

'Op uw vorige afscheidsfeest heb ik zijn luier nog ver-verst,' probeerde Anna nog eens opnieuw tegen tante Roza en daarbij wees ze naar mij. 'Boven op het kapblok in de keuken had ik hem gelegd,' zei ze. 'Ik zie hem daar nog liggen. Met zijn bloot poepke tussen de schotels en de schalen met de frikadellen en de soepgroenten.'

Maar tante non deed opnieuw of ze het niet hoorde. En in plaats van Anna Klaassen te antwoorden, wendde ze zich hautain af en begon ze Zuster Irma, die naast haar aan tafel zat, van alles in het oor te fezelen.

Raadsels.

Nonnengeheimen.

'Dat blijf ik onthouden hoor dat gìj dat waart,' zei Anna daarop tegen mij. En daar herinnerde ze me ook achteraf telkens weer aan, als ik haar terugzag op een of ander familiefeest waar ze haar als kokkin hadden gevraagd. Maar elke keer opnieuw ook schrok ik ervan hoe afgebeuld zij eruitzag wanneer zij aan het einde heel

even van achter haar hete vuren en stoofpotten te voorschijn geroepen werd.

Anna Klaassen. Ze was altijd zo druk in de weer met
haar schuimspaan, haar stoofpotten en met haar grote,
vlijmscherpe vleesmessen. Bot en bloed en spier en ko-
kend vet. De zweetkringen die almaar groter werden
onder haar oksels. Anna Klaassen. Met de room die
plakte aan haar haarklissen.

Vaak geen antwoord geven. En lelijk zitten te kijken.
En met de grappen en grollen die nonkel Remi tegen
de andere nonkels zat te vertellen aan tafel kon tante
Roza zo te zien ook al niet om. Zuster Irma wèl. Die
glunderde dan. Die glom en bloosde en kirde. En ondertussen zat ze ongegeneerd van de pralines uit de doos
op tafel en zelfs ook van een klein glaasje zoete likeur
te snoepen.

Over hardgekookte eieren met asperges, over haring
met knoflookbollen, paling en groenekool, pruimenvla
met slagroom, bananen en perziken en over paus pias
de twaalfde enzo, had nonkel Remi het.

Behalve hier en daar een woordspeling begreep ik er
niks van wat daar nu zo te lachen viel – nonkel Remi
zèlf nog het luidst en hardst van allemaal. Maar op een
bepaald moment was blijkbaar ook voor tante Gabriëlle
de maat meer dan vol want ik hoorde duidelijk hoe zij
ineens nonkel Remi wat in het oor siste.

– Gij met uw schuine praat altijd! Wat moeten die non-

nen niet denken van ons! Houdt nu alstublieft eens voor
één keer uw manieren!

En hoe de zee nog vol mijnen zat toen tante Roza in
1946 samen met twee andere nonnen uit Londen naar
China vertrok. Daarover ging het gesprek aan tafel ook
nog een hele tijd. Als tussen een school haringen had
het schip van tante non tussen de losgeslagen zeemijnen
door moeten laveren.

'Dat ken ik,' zei nonkel Remi. 'Dat was bij ons ook
zo toen wij na onze krijgsgevangenschap in Odessa op
de boot naar huis werden gezet.'

'Begint nu weer niet over de oorlog alstublieft!' zei
tante Yvonne.

'De oorlog eindelijk gedaan en dan toch nog vier weken lang op dat schip met de poepers gezeten,' zei nonkel
Remi.

Zuster Irma schokte en proestte het uit van het lachen.
Helemaal rood van de lach en van de likeur zag ze.

'Neemt nog een praline,' zei vader tegen haar. 'Het
zijn de laatste.'

Er waren aan het einde nochtans ook een paar harde
woorden gevallen aan tafel. Onder andere toen tante
Wis haar ongenoegen uitte over de opmerkelijke voor-
keur die tante Roza voor ons gezin aan de dag had gelegd door het vaakst bij ons te logeren al de tijd dat ze
in België in familiekring was.

– Bij mij was het niet goed genoeg? Of wat?

Ze had prompt lik op stuk gekregen van vader, tante Wis. En tante Roza had haar ongenoegen nog proberen te sussen met de stellige belofte dat ze de volgende keer zeker ook in Oostmalle zou komen logeren.

– En wanneer is dat: de volgende keer?

Daar had tante Roza toen ook geen antwoord op willen of kunnen geven nee.

'En bij ons in Brasschaat zijt ge ook altijd welkom hoor,' had tante Yvonne gezegd. 'In ons nieuw huis hebben we nu plaats zat voor u.'

'Bij ons nìet,' had nonkel Remi daaraan toegevoegd.

'Jawèl gij!' zo had tante Gabriëlle het uitslaan van de brand nog proberen te blussen. Maar wij waren al naar bed toen die incidenten zich hadden voorgedaan. En veel meer wilde moeder achteraf tegen ons ook niet meer kwijt daarover.

– Ochja, tante Wis! (moeder)

– Onze Remi met zijn fratsen en zijn gestook altijd! (vader)

En ineens was ze weer vertrekkensgereed. Gepakt en gezakt. En bezeten van een gedrevenheid die we van haar niet gewoon waren. Die kwieke gang ineens. Die monterheid. Haar stemvolume dat in vergelijking met daarvoor welhaast verdubbeld was. De laatste week dat ze bij ons was had ze almaar opgewekter door het huis gelopen, druk in de weer met witte was en met strijk die zij zorgvuldig en met het lijstje ernaast in een houten koffer stapelde. Ik verlangde om daarbij aanwezig te zijn, om aandachtig toe te kunnen zien, om te helpen. Maar dat mocht ik niet van haar. Pas toen ze helemaal gereed was, riep ze me naar boven op haar slaapkamer en mocht ik meehelpen de koffer te sluiten door middel van een stevige bamboestok die we door de sluitingen van het deksel schoven.

– Een schone rechte stok.

– Die komt ook nog van China.

– Brengt er de volgende keer voor mij ook zo eens eentje mee.

– Da's goed.

– Niet vergeten.

– Ik zal eraan denken.

Op de zijkant van haar koffer stond in witte letters een naam geschilderd. *Dame Marie Leontine.* Net boven het metalen, opklapbare handvat.

– Zijt gij dat?

– Dat ben ik ja.

– Zo'n lange naam.

– Dat is mijn kloosternaam. Vindt ge hem niet schoon?

– Nee.

– Waarom niet?

– Tante Roza is veel schoner.

'De vogels en de nonnen,' zo had ik mijn moeder van

achter haar hand tegen nonkel Remi horen zeggen aan tafel, 'da's familie van elkaar.'

Bij allebei had je soorten die trekken, zo verduidelijkte ze. Bij allebei had je exemplaren die met geen kettingen meer tegen te houden zijn als de tijd daar is.

'Ge zegt daar al iets,' zei nonkel Remi.

Maar er was ook opluchting voelbaar in ons gezin nu ze eindelijk weer aanstalten maakte om weg te gaan. Het had lang genoeg geduurd. Voor mijn ouders misschien zelfs wat té lang, had ik de indruk op het laatst.

Moeder was op het einde geprikkeld en nerveus. Vader richtte zo te zien niet veel meer uit.

Ze had veel zeep mee. *Sunlight* en *Lux*. Dat had ik gezien omdat ze die dozen met zeep helemaal bovenaan had zitten toen we samen haar koffer gesloten hadden.

Tandpasta ook.

En lakens.

En handdoeken.

En washandjes.

En een paar pakken chocolade. *Côte d'Or*. Gestanste gouden letters op zacht, wit papier. *Fondant*. Lustte ik niet, *fondant*. Bah. Vuil. En bitter op de tong.

– Da's om te smelten. Daar maak ik in de missie chocolademelk van.

'Zal ik u ook meenemen?' vroeg ze aan mij toen ze helemaal klaar was.

73

– Er is nog een beetje plaats over in mijn koffer.

Samen met de overige familie waren wij met heel ons gezin present op de kaai in Antwerpen toen ze vandaar per schip naar India vertrok. Wij waren met de auto gekomen. Zij per taxi want haar allerlaatste dagen had ze opnieuw in het moederklooster van Leefdaal doorgebracht.

Met z'n zevenen in de kever hadden we toen gezeten. Vader en moeder voorin en wij met ons vijven op de achterbank.

Dat wil zeggen:

– Zit maar wat bij mekaar op de schoot daar achterin. De twee kleinsten vanachter in het bakske. En gaat eens met een zakdoek over de achterruitjes want ze zijn weeral aangedampt.

Als we links of rechts afsloegen, klapte er van boven telkens een kort armpje uit een van beide portierstijlen.

– Ge vergeet de pinker. Hij steekt nog altijd uit, onze pinker.

– Schakelt eens. Toch zoveel lawaai en hoge toeren dat ge maakt.

– Vier in de vooruit, één in de achteruit.

– Wat was dat?

– Een steentje.

– Of nee, een wesp.

– Of een kever.

De insekten knetsten tegen de voorruit als rondvliegende steentjes. Gele, groene en oranje spatjes op het glas.

– Zet de ruitewissers eens aan.

– Nu zien we helemaal niks meer!

Dekschildjes en pootjes en vliesjes en vleugeltjes vastgedroogd aan het glas.

– Stevige ruiten nochtans.

– *Securit*.

– Is het nog ver?

– Nog wel een eind ja.

– En dit is om uw sigaret aan te steken. Of uw sigaar.

Een gloeiend metalen spiraaltje dat uit het dashboard te voorschijn kon worden gehaald.

– Dit hier.

Mijn vingertop al eens goed aan verbrand, een gele blaar waar achteraf vocht uitkwam.

– Uw vinger moet ge daar niet tegen houden. Uw sigaar moet ge daar tegen houden.

– Als ge rijdt, moet ge niet naar de radio zitten te luisteren. Houdt de baan liever in het oog.

– En geeft wat meer gas bij of we gaan nog te laat komen in Antwerpen.

– Het schip al vertrokken.

– Een rookpluim aan de horizon.

– En wij daar dan schoon staan te kijken.

Het duurde niet lang of er zaten gaatjes in de bekleding van de zetels vooraan. Van het roken. De stof van de dakbekleding helemaal vaal en bruin.

– Stinken.

– En as op de grond.

– Ik mag toch wel eens een sigaartje smoren zeker!

– Ja, maar allemaal gaatjes in uw hemd en in uw broek.

– Ziet hem daar, die Chevrolet! Wat is hij van plan? Gaat hij nu afslaan of gaat hij rechtdoor rijden, die Chevrolet?

– Ge ziet tegenwoordig meer Volkswagens dan Opels.

– Ze verkopen er zoveel van dat ze in Duitsland niet kunnen bijhouden met maken naar het schijnt.

– In Wolfsburg.

– Bij de wolf op de burcht.

– De motor vanachter, dat hebben ook niet veel andere merken.

– Dat zijn alleen maar een paar Duitsers en hier en daar een Italiaan die dat hebben.

– Schuift eens wat op.

– Met uw elleboog in mijn zij.

– En zit stil.

– Een scheet.

– Maar nee, het zijn de boeren die aan het beren zijn.

Zo helemaal naar nieuw dat de Volkswagen nog rook in het begin. Naar lak en naar bakeliet en naar rubber. Uren en uren dat wij weggekropen in de stilstaande auto ons aan die geur zaten te bedwelmen in het begin.

– Half Duitsland ligt er nog platgebombardeerd bij en dan toch al zo'n lekker ruikende, blinkende nieuwe auto's kunnen maken.

76

– Het is toch wel straf.

De magie van de knoppen, de lampjes, de wijzertjes, de schakelaars.

– Tuut.

– Overal afblijven.

– Tuut.

– En niet met uw schoenen op de zetels!

– Daar bestaan naar het schijnt plastieken overtrekken voor.

– Tuut.

– Overal afblijven!

– Houdt uw knieën bij! Gij zit met uw knieën in mijn rug.

– Zijn we er nog niet onderhand?

– Nog een heel eind.

– Rood!

– Rood? Was het rood?

– Ja!

– Niet gezien, dat rood licht. Waar zetten ze dat nu toch ook henen!

– Kwade kasseien.

– Hier mochten ze ook wel eens asfalt leggen.

– In Holland zijn de wegen veel beter.

– Daar zitten ze met de chauffeurs veel meer in.

– En met de auto's niet te vergeten!

– En wat staan die straatbomen daar te doen? Die mochten ze voor mijn part allemaal omverzagen, al die vuil straatbomen.

– Geef de papiertjes van de snoepjes maar hier dan zal ik ze in de asbak steken.

– Die zit ook weeral goed vol precies.

– Niet op de grond.

– Die appelkroos gooit ge maar door het venster naar buiten.

– En gaat neerzitten daar vanachter! Ik zie niks meer door de achterruit.

Er lopen mensen aan weerskanten van de straat. Er zijn winkels, fabriekspoorten en tramsporen.

– Pas op ook voor die fietser! Rijdt hem niet onderste-boven.

– Ik zie niks meer in de achteruitkijkspiegel. En de ruitjes zijn opnieuw aangedampt.

– Ik heb geen lucht. Mag dat klein venstertje niet wat open?

– Ik ben ziek.

– Ziek? Gij? Gij zijt niet ziek! Wat zoudt gij nu toch ziek zijn? Gezond gelijk een vis.

– Ik moet pissen.

– Seffens als we er zijn dan moogt ge pissen. Dan moogt ge zoveel en zo lang pissen als ge maar wilt.

– Is het nog ver? Zo ver dat dat nu toch lijkt ineens, Antwerpen!

– Ja, en tante non moet nog véél verder.

– We zijn er bijna.

– Maar nog niet helemaal.

– Ik heb dorst.

– Straks moogt ge drinken. Heel 't Scheld moogt ge dan leegdrinken.

– Het is precies of ik moet overgeven.

– Seffens als we er zijn moogt ge overgeven.

– Dat gezwier en dat gezwaai. En de rook van die vuil sigaar.

– Lekker.

– Ik heb ook geen lucht meer.

– En ik ook niet.

– Komt er iets van gene kant?

– Ja.

– Nee.

– Jamaar wat is 't nu?

– Rij maar aan!

– Ik wil eruit.

– Als het nu niet rap gedaan is met dat geheister en dat gezaag daar vanachter dan stop ik! Dan draaien we om! En dan rijden we terug naar huis! Is dat goed verstaan?

– We zijn er bijna.

– Eerst nog bergop.

– En dan bergaf.

– Het is weer rood.

– Nu heb ik het wel gezien, dat rood licht.

– Seffens is het groen.

– En dan zijn we er.

– Ge hebt natuurlijk wel grotere auto's dan deze, maar beter zijn ze daarom nog niet.

Maar we waren er gekomen. We konden eindelijk

weer vrijuit ademen en onze stramme ledematen strekken. We liepen opgewonden achter vader en moeder aan tot aan het wijde, diepe Scheldewater.

– Dag hoor. En flink uw best doen op school, gij.
– ....?
– En gij.
– ...??
– En gij.
– ..???
– En gij.
– .????
– En gij ook.

En met een klam handje had ze ons, kinderen, allemaal zo eens over de wang geaaid.

Vader: 'Wat zegt gijlie nu? Ik hoor maar niks!'

En wij in koor: 'Dàg tante Roza.'

Maar voor het overige waren we sprakeloos, allemaal. En in opperste verwarring over het feit dat het nu ineens zover was.

Ik zag ook hoe mijn ouders en sommige nonkels en tantes haar geld toestopten, net voor ze aan boord ging. De heimelijkheid van het gebaar waarmee die opgepropte biljetten in haar hand werden geduwd. Als ging het om iets onbehoorlijks dat nog snel moest worden geregeld. Een duistere schuld waarvan de vereffening tot op het allerlaatste ogenblik was uitgesteld.

– Maar dat is toch niet nodig.

– Jawèl!

– En zovéél.

– Neenee! Dat gaat ge zeker kunnen gebruiken ginderachter!

– Onzelievenheer zal 't u lonen.

Kijk, deze foto is nog van haar tweede vertrek. Weer een groepsportret. Genomen op de kaai in Antwerpen. Er staan ook een paar mensen op die er niet zo meteen bij horen. Passanten. Medepassagiers. Zoals bijvoorbeeld de twee andere nonnen die samen met haar vertrokken. Maar helemaal in het midden: dat is tante Roza natuurlijk. Onmiskenbaar. Daar is nu niet meer naast te kijken.

Die rijzige, thuis vaak autoritaire maar nu een beetje bangelijke, onderdanige en uit zijn rol vallende man links van haar, dat is mijn vader. Hij is tante Roza's jongste broer. Aan zijn voeten staat een boodschappentas op de grond. Ik herinner mij nog goed dat daarin een bol jonge kaas zat. Want daar was mijn vader helemaal op het laatst ook nog mee komen aandragen toen, met die bol kaas. Daar waren we 's morgens, toen we vertrokken, nog speciaal voor omgereden langs de melkerij. Al was moeder helemaal niet akkoord. En daar was onderweg ook nog een hele tijd gebakkelei over geweest in de auto.

– Kondt ge nu niks beters verzinnen? Ze gaat niet eens weten waar ze met die kaas moet blijven op dat schip!

– Hij gaat op smaak zijn tegen dat ze aankomt ginderachter!

Rechts, dat is de oudere zus: tante Gabriëlle. Verder:
mijn moeder, tante Wis, nonkel Jan en tante Yvonne.
Nonkel Remi staat er niet bij op. Die kwam voor zoiets
zijn zetel niet uit.

– Mij niet meer gezien!

En trouwens: zonder hem zou dat schip ook wel uit
Antwerpen weggeraken, had hij gezegd.

Grootmoeder en grootvader zijn ook nergens meer
te bekennen. Die waren beiden toen al overleden. Eerst
grootmoeder. Kort nadat haar jongste dochter in China
haar eindgeloften had afgelegd. Ze was al twee maanden
begraven eer het bericht van haar overlijden tante Roza
had bereikt. Zelf heb ik grootmoeder nog maar amper
gekend. Haar gestalte is ongeveer het enige wat me van
haar is bijgebleven. Ze was lang en grijs en mager. Maar
ze was zacht. Al zei ze nooit veel. Moeder heb ik ooit
eens horen vertellen dat zij gestorven was van verdriet.
Welk verdriet, dat heeft ze er niet bij verteld want daar
wist ze het fijne niet van, zei ze. Niet zo heel lang daarna
was ook grootvader gestorven. Uit mijn vroege kinder-
tijd herinner ik me zijn lichtblauwe, altijd een beetje wa-
terige ogen en zijn imposante krulsnor. In zijn rieten zetel zat hij ofwel een stenen pijp te roken ofwel wat in
zichzelf te brommen en lelijk te kijken. Vroeger was hij
boswachter en rentmeester en boomkweker geweest. Ik
wist dat hij zijn dubbelloops jachtgeweer nog bovenop

zijn kleerkast had liggen. Maar dat was niet de enige reden waarom ik mij nooit al te dicht in zijn buurt gewaagd heb. Een koppige Westvlaming, noemde mijn moeder hem soms.

– Vlaanderaars die zijn zo.

– Hoe zijn die dan?

– Keikoppen. Ge moet daar niet te veel tegen ingaan. Ge kunt hem nog maar best laten doen. Maar niet vergeten van op tijd ook uw eigen goesting te pakken.

– Hij zit weer met zijn gedachten bij zijn jongste in China.

Een fascinerende uitspraak vond ik die laatste. In België op uw gat in uw krakende, rieten zetel zitten en met uw hoofd tussen de Chinezen vertoeven. Het zag er in alle geval niet plezant uit om oud te zijn, als je hem zo zag. Ik herinner mij dat hij veel sliep overdag. Zijn geboortejaar ben ik ook blijven onthouden: 1866. Een jaartal uit de prehistorie scheen mij dat altijd toe.

En hier, kijk, heel die hoop kinderen op de voorgrond. Al die nichtjes en neefjes. De meesten gehurkt, geknield of neerzittend op de arduinen kaaistenen, enkelen ook op een meerpaal. Met hun blote, geschaafde knieën, met hun dassen en linten en vlechten en strikken en oorbellen en met hun paasbeste jurkjes en zondagse pakjes aan. Dat zijn wij. Tot aan de rand van de wereld hebben we tante Roza nu vergezeld. Maar verder gaan wij niet meer mee. Van hier af aan is het weer zonder ons. Nu gij. Aan de overkant van het water wachten de grijnzende

Indiërs, de lonkende Filippijners en de balorige Chinezen. Maar hier op de kaai, met zo hoge en zo sterke loskranen op de achtergrond en met al die nonkels en tantes in onze rug, voelen we ons nog beschut en veilig. We kijken en we zwijgen en voor even houden we ons gedeisd. Hier staan belangrijke dingen te gebeuren. Apetrots dat wij daar als kinderen bij mogen zijn.

'En niet vergeten,' had tante Roza op de kaai gezegd tegen mij, 'in uw oog is er maar plaats voor één druppelken...'
– ... als 't meer is rolt het eruit.
'Precies!' zei ze. En ten afscheid had ze me zachtjes in mijn wang geknepen.

Tegen mijn ouders had tante Roza helemaal op het laatst ook nog iets gezegd. Maar wat precies, dat hoorde ik achteraf pas.

Met een grote witte pakketboot vertrok ze. Vanuit Antwerpen. Over Londen. Of was het over Liverpool? Ik weet het niet meer zeker. Wel herinner ik me hoe ik hevig schrok toen de scheepssirene ineens begon te loeien. Ik zag ook de opgewondenheid die dat geloei zowel aan boord van het schip als op de wal veroorzaakte. Gebons en gestommel was er te horen van binnen in het ruim. De passagiers liepen de kajuiten in en uit. Commando's schalden uit de luidsprekers. Er was gerammel van ankerkettingen en er weerklonk geroep bij het losmaken van de trossen en meertouwen. Water dat borrelde en opkolkte achteraan het schip. De matrozen die de loop-plank introkken. Trage en ingewikkelde en uitgebreide manoeuvres kwamen er aan te pas zo te zien, aan zo'n afvaart. Plechtstatigheid vooral ook ging met dat alles gepaard. Het had zelfs iets feestelijks. Alsof het schip speciaal voor deze gelegenheid was opgetuigd en be-vlagd en helemaal in het wit gezet. Maar ook: hoe onder-tussen de meeuwen schreeuwden tegen ons op de kade. Hoe ze ons uitlachten en uitkafferden. Ons ja: achterblij-vers van de vastegrond. Bedrogenen, zo leek het mij. Omringd door de steenkool, het kopererts, de bananen en de tropische houtsoorten waar we tante Roza voor ingeruild hadden. En toen het schip eindelijk op de Schelde gekeerd was, wuifde ze ons na. Ze stond aan de reling op het achterdek, met haar fel wapperende kap en met haar grote zwarthouten reiskoffer waarin nog een beetje plaats over was.

'Ze is in alle geval goed bijgekomen, ons Roza,' zei vader tegen moeder toen we terug naar huis reden en het on-derweg al een hele poos veel te stil bleef naar zijn zin in de auto.
– Nu kan ze er weer een tijd tegen.

En goed en wel weer thuis, was alles saai en vervelend. Een alledaagsheid die nu ineens ook overal te rieken

85

was, vond ik. Boter in de pan. Appels en ajuinen in de kelder. Lakens in de linnenkast. Zeepsop over het vloertje van de achterkeuken. Mijn oudste zus had het bed en de slaapkamer van tante Roza zonder boe of ba weer ingepalmd. Vader en moeder waren volop aan de slag gegaan. Maar het stilzwijgen bleef nadrukkelijk heersen in huis de eerstvolgende dagen. Als na een wonderlijke voorstelling die was afgelopen. De lampen uit en de gordijnen dicht. De deuren gesloten. En alle vensters die met gazetten leken dichtgeplakt.

Ik verveelde me te pletter. Ik was kwaad op de wind die de fruitbomen dooreenschudde. Op de regen die de grond nat maakte en de sloten vol liet lopen. Ik ergerde mij aan het cement in de voegen tussen de gevelstenen. Ik haatte het vernis op de deurtjes van de keukenkast, de vorm van de in hout gedraaide trapspijlen in de gang, de kleur van de lakverf op de raamkozijnen, het patroon van de vloertegels in de veranda. En anders, om aan die verveling te ontkomen, zat ik urenlang soms in de schoolatlas van mijn oudere broer te bladeren.
– Waar zou het schip nu zijn?
– Lissabon.
– Casablanca.
– Konstantinopel.
– Port Saïd.
– Alexandrië.
– Tripoli.

En bij nonkel Jan en tante Yvonne moest er ineens een nieuwe mat komen, hoorde ik. Een rieten mat voor in het salon, want ze zouden een collega van het werk met diens vrouw op bezoek krijgen. Het was trouwens ook het allereerste officiële bezoek dat ze ontvingen sinds zij te Brasschaat in hun nieuwe huis getrokken waren. En tante Yvonne was al een paar dagen druk doende geweest met de kamers van het huis piekfijn in orde te brengen. Heel het huis had ze gedaan, van boven tot onder. En toen ze dan eindelijk klaar was daarmee had ze gezegd tegen nonkel Jan: zo, en nu zetten we ons hier neer in de zetels van het salon en we gaan dan al maar eens zitten zoals we ook vanavond zullen zitten. Wij met ons tweeën hier en onze bezoekers daar. Voilà, zoals we hier nu zitten zo zullen we vanavond ook zitten. En terwijl ze daar zo beiden naast elkaar op de bank in hun nieuwe salon zaten te kijken, had tante Yvonne ineens tegen nonkel Jan gezegd van: vindt gij nu ook niet dat het nog zo kaal en leeg is hier in het salon? Met zo niks op die blote vloerplanken? Zo kaal dat dat nog is! We gaan hier nog maar gauw een mat leggen. En toen waren ze met de auto halsoverkop naar Turnhout gereden met z'n tweeën om een rieten mat te kopen. Maar toen ze daarmee thuiskwamen, vonden ze dat het toch maar tegenviel. Zo'n rieten mat op de vloer in het salon. Bij die zetels. Op het parket. Bij dat schoon salontafeltje. En bij de kleur van die dure overgordijnen. Dan doen we die mat maar weer weg, had tante Yvonne gezegd.

Het is veel schoner zo zonder mat of iets op de vloer. En inderdaad, nonkel Jan vond dat nu ook. Dat het niet alles was. Met die rieten mat in het salon. Eigenlijk. Feitelijk. Als ge moest zeggen lijk dat het was. Terug weg ermee! had tante Yvonne gezegd. We rollen die mat maar rap terug op. En we leggen ze voorlopig op onze slaapkamer onder het bed. We zullen dan later nog wel zien wat we er verder mee aanvangen, had tante Yvonne gezegd.

En 's avonds, toen die collega van nonkel Jan en diens vrouw stipt op tijd en volgens afspraak gearriveerd waren en nadat eerst bij een drankje in het salon het ijs zo al een beetje gebroken was, hadden nonkel Jan en tante Yvonne aan hun bezoekers de rest van het nieuwe huis getoond. Maar terwijl ze met z'n vieren boven door de gang, de badkamer en de nog maar pas behangen en geschilderde slaapkamers liepen, had de vrouw van die collega van nonkel Jan ineens gezegd tegen tante Yvonne: wat voor een schoon mat hebt ge dáár nu toch onder het bed liggen? Zo'n schoon rieten mat! had ze gezegd. Waarom ligt die hier in uw slaapkamer onder het bed? had ze gevraagd. Zo'n schoon mat! Die zou toch veel beter beneden liggen! In uw eetkamer bijvoorbeeld. Onder de tafel. Of in uw salon. Op het parket. Dat is nòg zo gezellig! En het zou direct ook veel minder kaal zijn, met deze rieten mat daar op de grond, had de vrouw van die collega van nonkel Jan toen gezegd tegen tante Yvonne.

Air Mail.

Par Avion.

Aerogramme.

Met den ijzeren vogel.

Het lichtblauw flinterdun luchtpostpapier in de met rood-en-blauw omrande omslagen. Brieven die in de lucht hadden gereisd. Meegevoerd in een blinkend vliegtuig, hoog boven het diepe water van de oceanen en boven de witte wolken die de bergtoppen omhulden. Het kon niet anders dan dat die hoogte en die verte automatisch ook iets extra's toevoegden aan het vlijtige, schoolse geschrift van tante non. Verlangen. Zeer zeker. En spijt. Dat ik, zoals zij, de tijgers niet kon aaien, de zeehonden niet kon strelen, de walvissen geen klopjes op hun lillende flanken kon geven. En ook spanning. Die nog verhoogd werd door de exotische postzegels waarmee ze frankeerde of die ze af en toe bij haar brief had gestoken en waar wij in het begin als kinderen onder elkaar hevig ruzie over maakten.

– Schoon schrijven dat ze toch kan, tante non! Ziet eens hoe schoon geschreven!

Maar soms was het alleen ook maar een ansicht of een religieus prentje dat ze aan de achterkant volgeschreven had. *The birth of the Christ. The Marriage at Cana.* Een handgetekend zeezicht in Oostindische inkt met op de voorgrond een kokospalm en met in de verte een paar vissersbootjes die naar de gulden horizon toe zeilen. Nonnenvlijt die dan een paar weken lang als schouwgarnituur fungeerde bij ons thuis en waar tot onze stichting door vader regelmatig naar gewezen werd. Op momenten bijvoorbeeld dat iemand van ons met lange tanden achter een bord rijstpap zat.

– Ze moesten u nu toch eens bezig zien ginderachter!

– Ze moesten daar zo'n bord vol eens krijgen! Ze zouden er nogal invliegen.

– Zo'n lekkere rijstpap!

– Zouden ze in India voor vechten!

– Verlegen moest ge zijn!

– Het beste land is België. Ge moet het zo ver allemaal niet gaan zoeken.

Die brieven en kaartjes waren zo ongeveer de enige tekens van leven die wij van tante Roza nog ontvingen. Een keer of twee, drie per jaar. En telkens moest daar dan ook op geantwoord worden. Maar ondertussen hadden wij het veel te druk gekregen met opgroeien en uit elkaar groeien om nog op de vuist te gaan voor een paar postzegels uit India ocharme. Sinds moeder met haar voorlezingen gestopt was, bleek het onderwerp ineens veel van zijn charme en van zijn aantrekkingskracht verloren te hebben. De antipathie die ik ondertussen op school had gekregen voor sommige nonnen en paters droeg ertoe bij dat mijn fascinatie voor de persoon van mijn eigen tante non almaar sneller begon te slijten. En ten slotte hinderde mij hoe langer hoe meer de routineuze regelmaat waarmee haar brieven rond vaste tijdstippen van het jaar in de brievenbus kwamen getuimeld. Maar niettemin bleef ik het wel lezen allemaal. De half-jaarlijkse *Tijdingen van de Veebond*. Het viermaandelijks *Periodiek van de Bond van de Belgische Oudstrijders*. En ook een brief van tante non. Ze had nog eens geschreven.

– Ahzo, en wat schrijft ze nu weer?

Dat ze het in India al goed gewoon is bijvoorbeeld. 'Enkel de taal nijpt me. Ik heb geen tijd om te leren. Onwillekeurig spreek ik de mensen nog altijd aan in het Chinees. Ze schijnen het ook te verstaan.'

– En wanneer komt ze naar huis?

– Ik weet niet. Daar schrijft ze niet van.

– Ze zal dat toch niet geméénd hebben zeker? (moeder fluisterend tegen vader, maar ook voor mij verstaanbaar)

– Wat gemeend? (vader)

– Hetgeen ze daar zei, helemaal op het laatst toen ze vertrok. (moeder)

– Wat zei ze nog? (vader)

– Welja, van die 'vijfentwintig jaar' en van die 'misschien wel voorgoed'. (moeder)

– Wat zou het! (vader)

– Ik weet niet. Pas maar op. (moeder)

– Bijlange niet! (vader)

– Que nous eûmes. Que vous eûtes. Que j'eusse eu. (luid en hardop, ik)

Of de volgende keer laat ze weten dat ze heel 'kremmelachtig' gehuisvest is zo lang het nieuw hospitaal nog niet gereed is. 'Maar het volk is ons zeer genegen,' zo weet ze ook nog te melden.

In een van haar brieven die omstreeks de jaarwisseling telkens weer aankomen bij ons thuis vraagt ze 'wat is er met Mieke Van Roey gebeurt, dat ze zo haastig was om naar den hemel te gaan?' 'Nu is het uwe beurt om te vertellen,' zo gaat ze verder. Waarna ze besluit met 'Uw zeer genegen zuster en tante.' Maar in een postscriptum vraagt ze ook nog waarom vader – 'mijn eigen broer!' – nooit eens schrijft. Het is een vraag die bijzonder slecht aankomt bij de getrouwe correspondent die moeder tot nu toe geweest is voor haar. En wanneer het beantwoorden van die brief ter sprake komt, loopt de discussie tussen moeder en vader bijna uit op ruzie.

– En nu gij hoor! Nu is het aan u om te schrijven. Want mijn brieven vindt ze blijkbaar niet goed genoeg. Gij moet schrijven, schrijft ze. Ik schrijf niet meer. Mijn brieven zijn toch niet goed genoeg. Schrijft gij dan maar voortaan. Gij schrijft nooit, schrijft ze.

– Ik heb verleden jaar of zo toch nog geschreven!

Maar het komt er natuurlijk weer niet van. Hij heeft geen tijd om brieven te schrijven, zegt hij altijd. Maar hij heeft er ook het geduld niet voor.

– Ik heb geen zittend gat.

En ten slotte is het opnieuw moeder die, zij het pas na enige maanden, mokkend de correspondentie met tante non weer opneemt en voortzet. De opluchting en de dankbaarheid daarover is groot in India. En klaarblijkelijk om het weer goed te maken, laat tante non in haar eerstvolgende brief weten dat ze een tijdje geleden een paar vogeltjes heeft opgestuurd.

'Ik hoop dat ge ze aankreegt,' schrijft ze. 'Hierbij ook nog een klein lapke. Ik hoop dat het U aangenaam zal zijn. 't Is al dat ik bezit,' voegt ze daar nog aan toe.

'P.S.: Voorzichtigheidshalve ga ik het lapke met een vertrekkende zuster meegeven die het van uit Leefdaal zal verzenden.'

– Vogeltjes? Hebt gij vogeltjes gezien?

– Nee.

– Gij misschien?

– Nee, ook niks gezien.

– Wie heeft er vogeltjes gezien?

– Niemand van ons heeft vogeltjes gezien!

– Waar blijven ze dan?

– Ze zullen onderwege een andere kant op gevlogen zijn, die vogeltjes.

– En dat lapke zal ook wel ergens anders naartoe gewaaid zijn.

Wat ons wèl bereikte op zekere keer was een kokosnoot die ze voor ons had meegegeven aan een non die naar België terugkeerde.

'Met de complimenten van uw zuster en tante in India.'

Omdat de bast er nog rond zat had ze bijna de grootte van een voetbal. Maar ze was ook lomp en zwaar en hard als eikehout. Als je ermee schudde hoorde je geklots en gerammel. Mijn broer en ik wilden absoluut zien wat er van binnen in zat maar omdat de bast kunstig beschilderd was met lotusbloemen mochten we ze niet openmaken van vader. Heel frustrerend vonden wij dat. Daarom hadden we al een paar keer die bol zogezegd per ongeluk uit onze handen op de grond laten vallen maar zelfs ook dan vertoonde hij niet de minste barst of scheur.

Op een dag, toen vader niet in de buurt was, besloten we met z'n tweeën dat het nu wel lang genoeg geduurd had. Hamer, zaag en beitel kwamen eraan te pas maar zelfs toen nog wilde de dikke vezelachtige bast het niet zomaar begeven. Tot hij onder de slagen van het kapmes eindelijk openspleet en er tot onze verrassing uit het binnenste een donkerbruine, behaarde kern ter grootte van een pompelmoes te voorschijn kwam gerold.

Nu wilden we het helemaal weten. Nadat we met vaders handboor een gaatje geboord hadden in de steenharde dop liep er ineens een wit melkachtig vocht uit.
– Hij pist.

Daarna legden we de dop in de garage op de betonvloer en met de voorhamer sloeg mijn broer erop tot de schaal het met een harde krak begaf. Hij was leeg. Er bleek helemaal niks in te zitten. Voor aap en voor schut gezet stonden we. Al waren we wel geschrokken

94

allebei van de ontstellende witheid van het tot moes geslagen vlees dat aan de binnenkant van de schaal zat. Voor de rest was er niks. Een lege dop die ze ons had gestuurd.

– Une coquille vide.

– Wat?

– Niks.

Maar we voelden ons achteraf toch ook een beetje beschaamd over de grondigheid waarmee we alles vernietigd hadden. Zwijgend veegden we de scherven bijeen. We schepten het hele zootje op en begroeven alles zorgvuldig in de boomgaard onder een paar scheppen zand. Wij wisten van niks, mijn broer en ik, toen vader een paar dagen later vroeg waar die schoon beschilderde kokosnoot van ons Roza gebleven was. En de kokospalm, die we hoopten alsnog eens te zien opschieten tussen de appel- en perebomen, hebben we ook nooit gezien.

'Ik heb naast al mijn ander werk, nog een nieuw postje aangepakt. De zondag middag ga ik uit naar een arm parochiekerkje om er het misgewaad in orde te brengen. Terwijl ik dat doe, geeft er een andere zuster katechismusles. Ik begin met de armste en de meest verwaarloosde parochietjes eerst. Zijn er in Hoogstraten geen winkels die zouden coupons kunnen geven van stofkens in liturgische kleuren om tabernakelgordijntjes te maken? Of iets anders om een altaar te dekken? Of wat witte stof voor kelkdoekjes, vingerdoekjes of stoolkraagjes te maken?'

95

– Met hare nonnenpraat altijd! Haar stofkens en haar gordijntjes en haar lapkens en haar kraagskens. (mijn tweede zus)

– Maar ze is ook een non natuurlijk. (moeder)

– Quelle est cette langueur qui pénêtre mon coeur? (ik)

'Het feit dat de verloofde van Greet zijn studie bij de Jesuiten heeft gedaan, zegt me genoeg,' schrijft ze als reactie op de brief waarin moeder haar de laatste ontwikkelingen in ons gezin uit de doeken heeft gedaan. 'Daar is een deugdelijke opvoeding verzekerd. En naar het schijnt is Peter ook al ne flinke student geworden. Wat zal er dan van hem geworden. Ik vraag de H. Geest hem in de juiste richting te blazen.'

– Zèg!

– Wat zèg?

– Welja, wat moet tante non haar eigen ginderachter nog zo zitten te bemoeien met ons!

– Dat is toch haar goed recht zeker. En daarbij: ze is ook nog altijd uw tante hoor!

– Schone tante ja! Die ge nooit ziet!

– Koppig en steeg.

En op een keer, wanneer moeder haar antwoord op een brief van tante non laat lezen aan een van haar voortstuderende kinderen, krijgt ook zij het op haar brood.

– Zij schrijft fouten maar gij ook!

– Waar is het dan fout?

– Hier en hier! En daar en daar!

– Is dit fout?

– Natuurlijk is dat fout!

– Zeker van?

– Heel zeker!

– Zo lang geleden dat ik op de schoolbanken zat. Hoe is het dan juist?

– Zó is het juist.

– En staan er nog andere fouten in?

– Nog wel een paar.

– Waar?

– Hier.

– Daar?

– Ja.

– Wat is daar fout aan?

– Gij schrijft geen hoofdletters?

– Hoe geen hoofdletters?

– Nee.

– Moet dit dan met een hoofdletter?

– Natuurlijk moet dat met een hoofdletter!

– Dat was ik vergeten.

– En *verandert* is achteraan met een -d.

– Met een -t zal ons Roza het ook wel verstaan zeker.

Maar het is de laatste keer geweest dat we moeders antwoorden nog te lezen kregen voor ze het omslag dichtplakte en haar brief op de post deed.

In een brief gedateerd 'Pasen 1963' deelt tante non mee 'dat er in Juni aanstaande algemeen kapittel wordt gehouden voor heel de orde in Leefdaal. We verwachten zeer veel veranderingen.'

'Het is maar best,' schrijft ze, 'want we moeten ons meer en meer aanpassen aan de huidige tijden. Het zou wel kunnen gebeuren dat het habijt van aanschijn gaat veranderen en ons kap krijgt zeker een ander fatsoen. 't Zou goed zijn zulle want in het warm seizoen is het allesbehalve practisch.'

– Ja dat geloof ik! Het werd ook eens tijd! Want die nonnen die zweten daar wat af in de tropen, dat kan ik me wel indenken. (moeder)

– Een rok tot boven de knie en een frisse katoenen bloes met korte mouwen had zij moeten meenemen. Dat zou nogal wat anders zijn! (vader)

De broekjes die daar aan de waslijn in de boomgaard te drogen hangen, zijn van mijn oudste zus. Die vier daar. De andere behoren toe aan mijn tweede zus. Dat weet ik. Zo vrolijk en zo ongegeneerd dat die resem broekjes daar op een rijtje vastgespeld hangt. Behaatjes hangen er van mijn beide zussen ook elk twee aan de waslijn. Nu is het de wind die zijn handen niet kan thuishouden. Maar het is wel een van de laatste keren dat de spulletjes van mijn oudste zus daar nog samen met onze kleren te drogen hangen want over een paar weken trouwt ze en daarna gaat ze ergens anders wonen. Boven, op haar slaapkamer, heeft ze al twee koffers vol met uitzet gereedstaan. Kleren, handdoeken, tafellakens, beddegoed. Ze heeft pas ook een ladenkoffertje gekocht vol met splinternieuw tafelbestek. Twaalf lepels, twaalf messen, twaalf grote vorken, twaalf kleine vorken, twaalf koffielepels, twaalf vismessen, twaalf servetringen, vier pollepels van verschillende grootte en een taartschep. Een jaar lang heeft ze ervoor gespaard. En een elektrische naaimachine heeft ze ook al. Vooral de voorbije maanden is ze druk bezig geweest met het completeren van haar uitzet en met het uitbreiden van haar garderobe. Beddelakens, tafelkleden, servetten, jurken, rokken, bloesjes. Ze maakt het bijna allemaal zelf. Dagen achtereen dat ze daar thuis mee bezig kan zijn. Stoffen uitkiezen. De patronen aanbrengen. Afkrijten en afspeten en uitknippen. Daarna driegen, aanpassen en uitleggen. Het houdt niet op. Inhalen en lostarnen, ineenzetten en stikken. Het was altijd aangenaam in huis, vond ik, wanneer ze aan het naaien of aan het stikken was. Wanneer de naaischaar en de lintmeter te voorschijn gehaald werden en heel de tafel vol lag met krijt, speldenkussens, de tandschaar, blikken doosjes met kopspelden, knippers, papieren zakjes vol knopen. In alle maten en kleuren. Ik hield van de vrolijkheid en het gelach waarmee de ernst van het naaiwerk werd afgewisseld vaak. Het gegibber en het gegniffel tijdens het aanpassen en inhalen van de nepen. Het geluid van de schaar die in het textiel snijdt. En wanneer de naaimachine eindelijk geïnstalleerd was, moest ik bij het driftige op en neer gaan van de stiknaald altijd denken aan een specht die haar snavel door de schors in de stam van een boom drijft. En kijk eens dat mooie rode bloesje daar, dat aan de schouders met twee wasspelden is opgehangen, is ook al van mijn oudste zus. Zelf genaaid. En die witte zomerjurk ook.

De grijze plooirok, die ernaast hangt, is van mijn tweede zus. Hij behoort bij haar schooluniform. Samen met een witte bloes en een blauwe overgooier. Zij is op kostschool bij de nonnen in Herentals. Om de drie weken maar mag ze in het weekend naar huis komen. En dan heeft ze hopen vuile was bij zich. Het is eraan te zien dat ze hem haat, die plooirok. Ze draagt hem alsof het een meelzak is. Het strijken van die rok is ook telkens een hele karwei. Op zondagavond trekt ze hem weer aan en met de tranen in haar ogen zie ik haar met haar valiesje in de hand gereedstaan wanneer het tijd is om weer te vertrekken. Verleden jaar kreeg ze ineens uitslag op haar benen. Uitslag die maar niet wilde genezen. Tot de nonnen haar naar huis stuurden. Toen was ze zo genezen. Achteraf mocht ze nog een paar weken extra thuis blijven.

– Allee, allee! Toe nu!

Er loopt daar op school een non rond, grient mijn tweede zus, die de pik heeft op haar.

– Bijt nog maar wat op uw tanden. Het is toch het laatste jaar ook zeker! En het is voor uw eigen goed!

Terwijl moeder haar zo toespreekt, schieten ook bij haarzelf de tranen in de ogen.

Die twee geruite hemden zijn van mijn oudste broer. We slapen nog altijd bijeen op dezelfde slaapkamer. Hij gaat al uit op zondagavond. Dan trekt hij met kameraden naar het café en op de bals in de naburige dorpen gaat hij dansen. Af en toe vertelt hij van de meisjes met wie hij uit is geweest. Ik geloof dat hij mij nog verschrikkelijk 'bleu' vindt. Soms, wanneer ik wakker ben geworden van zijn thuiskomst 's nachts, gebeurt het dat we samen door het open venster van de slaapkamer in het donker naar buiten staan te pissen. Van boven naar beneden in de palmstruiken. En dan lijkt het alsof zijn blaas wel twee keer zo groot is als de mijne.

– En?

– Het was weer het een en het ander.

– Vertel eens?

En dan volgde er ofwel een pikant en gedetailleerd verhaal ofwel vond hij het allemaal de moeite van het vertellen niet waard en viel hij terstond als een blok hout naast mij in slaap. ('En hoe is 't met Robert? Kijkt hij al naar de meisjes?' Absoluut, tante Roza! Robert kijkt heel graag naar de meisjes. Hij kan er met zijn poten gewoon niet afblijven. Ik zou ook wel willen maar ik durf nog niet. Mijn broer durft altijd alles veel rapper. Hij durft ook veel meer dan ik.)

Die wollen trui is de mijne. Mijn oudste zus heeft hem gebreid voor mij. Na drie jaar kostschool mocht ik eindelijk 'extern' worden. En van die teruggewonnen vrijheid getuigt, onder andere, mijn slobbertrui die moeder samen met de sokken en kousen gesorteerd heeft voor een aparte was, die op een speciaal houten droogrekje buiten te drogen hangt. Het heeft lang geduurd eer ik die trui had. Er is ook heel wat over te doen geweest voor hij helemaal naar mijn zin was. Ik had al een paar keer proberen uit te leggen aan moeder uit wat voor soort wol hij gebreid moest zijn en welk het model was dat mij voor ogen stond, maar ze snapte het maar niet. Ze begreep niet wat ik precies wilde en ze kende ook geen enkel adres waar zulke truien te koop waren, zei ze. Tot mijn oudste zus voorstelde om er zo eentje te breien voor mij. Zij wist wel wat ik bedoelde, beweerde ze. En met speciale pinkdikke pennen heeft zij die trui toen gebreid voor mij. Een slobbertrui met grote mazen. En met een boothals. Zodat de kraag van mijn hemd zichtbaar blijft. Of anders met niks onder aan. De wol kriebelt dan wel danig op mijn blote vel. Maar dat neem ik er graag bij. Een trui zoals Léo Ferré, Jacques Brel, Serge Gainsbourg en Georges Brassens vaak aan hebben. Al zit hij de laatste tijd wel èrg los, mijn trui. En bij elke wasbeurt raakt hij nog wat verder uitgerekt. Tot halverwege mijn dijen reikt hij tegenwoordig al.

'Gij met uwe mini-jupe,' plaagt mijn broer dan. Op het droogrekje hangt mijn trui helemaal door van het gewicht van het water dat in de wol gekropen is. En na elke wasbeurt duurt het altijd uren en uren voor hij weer droog is en ik hem opnieuw kan aantrekken.

– Doet nu eens iets anders aan! Met die uitgelijperde trui! Altijd hetzelfde dat ge aan hebt! Ge loopt erbij tegenwoordig gelijk een Bohemer! En een kot in de nacht zitten lezen op uw kamer! Plaatjes draaien. En zitten smoren gelijk een Turk! Met een baard van een week oud! (moeder)

Die twee korte broeken zijn van mijn jongere broer. Hij zit in het laatste jaar op de lagere school. Thuis is hij voorbeeldig en gedienstig. En daarom heeft vader hem geholpen bij het timmeren van de grote volière waarin hij goudvinken, parkieten, Mexicaanse wevers en kanaries kweekt. Met zijn bijeengespaarde zondagsgeld plus daarbij wat hij vergaard heeft met nieuwjaarzingen, heeft hij op de dierenmarkt in Mol een 'scharlakenrode kardinaal' gekocht.

– Nu hebt ge geen frank meer. (wij, zijn broers en zussen)
– Maar ik heb een scharlakenrode kardinaal en gijlie niet!

En dan zijn er nog de kleertjes van mijn jongste zusje. Ze is het nakomertje in ons gezin. Goed een jaar na het tweede vertrek van tante non was ze geboren. Nu is ze zes. De weerstand die ik voelde toen ze zich aankondigde is al weer weggeëbd. Ik was helemaal niet blij met haar. Niemand van ons vijven trouwens. Ons was niks gevraagd. En toen ze geboren was, stond ik bij haar wiegje met een gevoel van plaatsvervangende schaamte over mijn ouders die ik ervan verdacht dat ze van het gezin waarin wij aan het opgroeien waren een konijnenest wilden maken. Maar het is over nu. Het is vergeten en vergeven. Ik wil haar kleertjes al lang niet meer missen aan de waslijn.

Wat je hoort, dat is het flapperen van de beddelakens aan de lijnen. Ze zijn door moeder frisgewassen, gewrongen, dubbelgevouwen en uitgehangen aan de lijnen. Wat je ziet, dat zijn de panden van vaders grijze en beige veekoopmansstofjassen, de slippen van zijn witte, zondagse overhemden. Het zijn onze lijfjes en pyjama's en overhemden die van de wind helemaal bol staan. De keukenhanddoeken en de fluwijnen. De washandjes en de zakdoeken. Er waait ook wel eens wat af. En dan kan je opmerken soms hoe in de weide wat verderop een melkkoe met krullende tong een onderbroek of een kussensloop staat af te likken of hoe een plat kalf op een wollen sok of op moeders 'combinaison' staat te zabberen.

Het zal een pak werk schelen bij het ophangen van de was als mijn oudste zus getrouwd zal zijn over een paar weken. Het zal te merken zijn, binnenkort, als de was weer te drogen hangt buiten in de boomgaard. Almaar minder. Van nu af aan wordt het alleen nog maar minder.

'Volgende week gaat het operatiecomplex ongeveer afgemaakt zijn en komt monseigneur het plechtig inzegenen. Daarna zullen we volop aan het werk schieten.'
– Vooruit maar weer met de geit.
'Onlangs bracht men bij ons een man binnen van 25 jaar. Hij was uit een hogen boom gevallen, brak de ruggegraat en werd daardoor totaal verlamd. In het hospi-

taal van Madurai zonden ze hem voort omdat het een hopeloos geval was. Bij de lichamelijke verzorging die hij hier krijgt, kreeg hij van Ons Heer de heerlijke gave van 't geloof. Hij ontving het Doopsel, deed zijn eerste H. Communie en ontving de laatste sacramenten. Allemaal op een zaterdagnamiddag. Een van ons zieken was peter en bezorgde hem de naam van Jozef. Het was voor ons allen een dag van diepe, zuivere missionarisvreugde!'

– Ze is en ze blijft toch een èchte hoor, ons Roza! (moeder)

– Les hommes meurent et ne sont pas heureux. (ik, geeuwend, onbewogen)

Want ze verveelt me hoe langer hoe meer ja, tante non met haar moralisme, haar devotie, haar bemoeienissen. Ik ben haar gezeur al lang beu. En vooral: ik ben razend kwaad op haar.

– Ik schrijf niet meer terug hoor! Ik heb de vorige keer al geschreven! En daarbij, wat moet ik schrijven? Ik zou niet weten wat ik aan zo'n non moet schrijven!

'Ge schijnt me totaal vergeten te zijn. Maar ja, ik zit ook zo ver en ten slotte wat hebt ge aan zo'n tante als ik!'

– Niks ook niet!

Maar toch treft het me ineens, dat verwijt van haar. En het blijft ook achteraf nog een tijdje zeer doen.

– Il pleure dans mon coeur comme il pleut sur la ville.

'India is ook het land van de kraaien, van de motten, de mieren en de muggen.'

– Met al dat ongedierte! En de ziektes die komen van ginderachter! (moeder)

– Wanneer stuurt ze haar eigen eens op? Wanneer kruipt ze zèlf eens bij in haar briefomslag? (mijn oudere broer)

'We staan om 4 u 1/2 op en gaan slapen als het werk gedaan is. Er is hier zoveel te doen dat ge er niet door kunt zien. Goed dat de dagen van elastiek zijn.'

'En nu ben ik uitgepraat. Een spoedig antwoordje op dit alles zou me veel plezier doen.'

– Zal ik dan maar weer schrijven want als ik niet schrijf is er niemand die nog schrijft. (moeder)

– Schrijf dat ik de volgende keer wel eens zal schrijven. (vader)

– Dat zeidt ge vorige keer ook al. (moeder)

– Ja, maar ik heb nu geen tijd om te schrijven. (vader)

'Met Paschen kreeg ik uw nieuwjaarsbrief. Beter laat dan nooit en welbedankt voor 't nieuws. Ik ben blij te horen van uw moeder dat ge U met geheel uw hart aan de studie zet.'

– Over uw hereksaam voor wiskunde heb ik maar gezwegen. (moeder)

– Daar had zij toch geen zaken mee ook niet! (ik)

– Jawel. (moeder)

– *Et tu marchais souriante*
  Epanouie ravie ruisselante
  Sous la pluie. (ik)

– Zeg het maar in het Vlaams hoor, als ge wat te zeggen hebt! (vader)

'Bij den eersten dag van 't jaar gaan mijn gedachten onwillekeurig naar al die me dierbaar zijn in 't vaderland. Hoe stelt het onze Remi zonder zijn geliefde Gabriëlle? Het moet voor hem een grote leemte zijn. Gaat er soms iemand van U ne riem onder het hart steken? Hij heeft dat zeker wel nodig.'

– Ik heb haar nu geschreven dat gij volgende keer dan wel eens uitgebreid zult terugschrijven. (moeder)

– Het is goed dat ge dat geschreven hebt. (vader)

– Jaja, maar dóe het dan ook! Want dat is bij u altijd een ander paar mouwen! (moeder)

'Hierbij zend ik U een foto, getrokken aan den ingang van ons hospitaal. Als ge goed kijkt kunt ge de bezoekuren lezen; ze staan er bij op. Tracht het maar te ontcijferen.'

– Dat is ook rapper gezegd dan gedaan. Waar is mijn leesbril? (moeder)

– En mager dat ze er zèlf ook weer uitziet! Nauwelijks nog eten zeker? Of amper nog tijd daarvoor? En het eten uit haar mond sparen voor die armeluizen van ginderachter? Dat zal wel. Schrijf dat ze goed moet eten. Dat ze haar eigen niet vergeet. Vraagt ook maar eens of het zo onderhand geen tijd wordt om eindelijk nog eens naar huis te komen! (vader)

– Vraagt gij het dan! (moeder)

– Peilt gij eerst maar eens. (vader)

En daar is ze eindelijk met haar antwoord. Kijk maar, hier is de brief. Lees maar. Het staat er zwart op wit.

En het klinkt glashelder, duidelijk, ondubbelzinnig:

'Moesten we nog eens samen komen, wat zouden we te vertellen hebben. We gaan echter die zoete stonden maar bewaren tot in den hemel. Daar zullen we ons hart eens ophalen.'

– Ziedet! Precies wat ik al aan het vrezen was! Nu weten we het ineens helemaal! (moeder)

– Het is toch wel straf. (vader)

– Om niet te zeggen: afgrijselijk! Ze is precies een blok ijs! (mijn tweede zus)

– Het is nochtans warm genoeg ginder naar het schijnt. (vader)

– O maar ik kèn haar soort hoor! Staalhard. En denk maar niet dat wij die hier ooit nog gaan terugzien. (mijn tweede zus)

– Niet voor niks dat grootmoeder en grootvader indertijd zo triestig zijn achtergebleven! Die wisten waarschijnlijk al van toen ze de eerste keer vertrok hoe laat het was! (moeder)

– Het is toch wel straf. (vader)

– Nu wéét ik ineens ook waarvan die twee mensen zijn weggekwijnd ocharme! Zo kort na haar vertrek! En zo rap achter elkaar! (moeder)

– Denkt ge? (vader)

– Daar ben ik nu wel zeker van, ja! (moeder)

– Het is toch wel straf. (vader)

– Hoe is dat nu in godsnaam mogelijk! Wat bezielt zo'n mens! (moeder)

– Ik zou het ook niet weten. (vader)

De allereerste kleurenfoto die ze uit India stuurt: kamers en gangen vol paarskleurige zieken die op veldbedden liggen, velen ook met verband omzwachteld. Vrouwen die op de grond hurken en boven het hoofdeinde van het bed van die waaiers in beweging houden.

(Schone kleuren, tante Roza. En het is een bonte bende. Bah ja.)

En nog een andere foto met daarop een soort van huifkar op hoge, smalle wielen die getrokken wordt door een ezel om zieken en gewonden te vervoeren. Het zeil is wit. Met bloemen versierd. De spaken zijn kunstig uitgesneden.

(Een ferme koets ook al.)

Buffels.

Ossen.

Rijstvelden.

Palmbomen.

Een rij vrouwen die voorovergebukt staan. Tot aan hun knieën in de modder.

(Maar het geboer ginderachter ziet er toch een beetje triestig uit hoor, tante Roza. Geef toe. Nat en slijk.)

'Hier in het land is er voor het ogenblik veel oproer. Misschien weet ge er meer van dan ik door radio en T.V.'

(Maak je geen zorgen, tante nonneke. Daar weten wij hier ook alles van.)

– Als zij nu binnenkort ook maar niet vaart gelijk veel nonnen in de Congo bij de onafhankelijkheid! Dat ze

maar eens rap zorgen ginderachter dat ze een hoog en sterk hek rond hun klooster hebben staan! (moeder)
– De soldaten erop af sturen. (vader)
– Soldaten niet. Soldaten kunnen ze op nonnen beter niet afsturen. De gendarmerie! (moeder)
'En dan die schone foto van Annemie die ik heb aangekregen. Ik geraak er maar niet op uit gekeken. Wat een grote juffrouw ge al geworden zijt! Het is oprecht schoon. Iedereen die me nen tijd niet meer gezien heeft zegt dat ik verschrikkelijk verandert ben. En dan zeg ik: ja, oud en lelijk zeker! Want dat durven ze me niet zeggen.'
– Ik wel! (mijn tweede zus)
– Jaja. Houdt al maar op. (moeder)
'Onze Jan liet me weten dat hij eraan denkt om samen met ons Yvonne naar India te vliegen wanneer hij op pensioen zal zijn over een paar jaar.'
– Zou ze dat nu geschreven hebben in de hoop dat wij dan ook op bezoek zouden komen? (vader)
– Wij zullen háár eens achternavliegen zeker! Dat zij verdorie eerst zèlf eens aankomt! (moeder)
– Ze heeft het te druk ginderachter. (vader)
– Druk? Druk? Wij hebben het hier ook druk! (moeder)
– Maar zij nog wat drukker zeker? (vader)
'Kon er geen wat uitgebreider brief af?'
– Niet làng genoeg? Wat dènkt die geit wel? Dat ze dan naar huis komt! Dan weet ze al het nieuws ineens! (mijn tweede zus)

– Allee, allee! Zo spreekt men nu ook weer niet over zijn tante. (moeder)
– Het is toch waar zeker! (mijn tweede zus)
  'Ik hoor nog zo weinig van uwe kant?'
– Zal ik dan maar weer schrijven. (moeder)
– Gaat er nog maar eens bij zitten ja. (vader)
– Dat ze ginder verrekt! (mijn oudere broer)
– Zwijgt eens gij! (vader)
  'Ne stevige handdruk van uw zuster en tante.'
– Merde. (ik)

¶

De tweede en wellicht ook de laatste keer dat ik haar zag – in 1978 – was toen ze mijn moeder kwam bezoeken. Het was een jaar of twee na de dood van vader en tegen alle verwachting in was ze ineens tòch teruggekomen. Helemaal op haar eentje kwam ze deze keer. Alsof haar oversten hadden geoordeeld dat ze daar nu oud en ervaren genoeg voor was. Maar in het begin had ik het gevoel dat het iemand anders was die ze onder de naam van tante Roza naar België hadden gestuurd. Weg die vervaarlijke en monumentale kap. Wat ze nu droeg was van een veel kleiner en veel eenvoudiger formaat en was zo opgespeld dat een gedeelte van het hoofdhaar zichtbaar bleef. En zowaar ook zìj bleek in het bezit van een stel benen. Nylons droeg ze ook al. Ze was gekleed in blauwen-grijs. Een scherpgesneden, ouderwetse schooljuffrouw met een bril op, laag op haar neus. Een vergrijsde verpleegster. Maar evengoed een nuchtere, taaie, zakelijke, geïnteresseerde en relativerende dame die in geen enkel opzicht nog overeenkwam met het beeld dat ik me van haar op basis van al die brieven en van mijn herinnering gevormd had. Spraakzaam, vief en attent was ze. Er was veel raadselachtigheid die ze had kwijtgespeeld maar tevens kwamen daar nu ook weer nieuwe vragen voor in de plaats. Waren wij het of was zij het die zo veranderd was ondertussen? Waarom had ze zich nu ineens bedacht? En wat kwam ze eigenlijk doen? In alle geval, er was nauwelijks nog iets dat overeenkwam met het beeld van de frenetieke zieltjesjaagster dat ik me door de jaren heen van haar gevormd had. Broodnuchter en beraden was ze. Ze beluisterde met aandacht mijn moeders verhalen over kinderen en kleinkinderen, over erfeniskwesties en over de prijs van het brood en van een kilo tomaten. Ze wist evengoed als gelijk wie wat er te koop was op de wereld. En voor wie wel en voor wie niet dat allemaal te koop was, wist ze nog véél beter. Haar ietwat plechtige, nog vooroorlogse Nederlands dat ik kende van haar brieven bleek ze evenwel te hebben bewaard.

'Al die schone huizen en grote gebouwen die erbij gekomen zijn hier overal in 't land.'

'Al die blinkende auto's op de brede straten en de verharde wegen.'

'De welstand onder de mensen.'

'Alles zo ordelijk en proper geregeld.'

'En de kinderen van 't straat.'

Maar ook: hoe ze soms op een lichtjes smalende en defensieve toon over zichzelf praatte, viel mij op. Maar misschien was dat wel een gevolg van het feit dat mijn moeder haar bij aankomst niet alleen hartelijk welkom had geheten maar tevens ook de mantel had uitgeveegd omdat ze zo lang weggebleven was. En omdat ze het telkens weer had laten afweten bij de geboortes en de trouwfeesten en de begrafenissen van de voorbije jaren in de familie. Al die nieuwe gezichten die erbij gekomen waren en niemand die zij daarvan kende. En vooral: zovelen die weggevallen waren ondertussen. Haar eigen broer! Haar eigen schoonbroer en schoonzuster! Twee nichtjes verongelukt! Al die doden! Waar zij zich van haar kant dan telkens van af had gemaakt met een kaartje of een brief met de belofte veel voor de zielerust van de dierbare overledene te zullen bidden. Schone kaartjes en schone brieven genoeg hoor! Daar niet van! Maar meende zij misschien dat dat opwoog tegen mekaar: het papier en het vlees? En of geen enkel van die sterfgevallen dan de moeite van het overkomen ooit waard was geweest nee? Andere missienonnen of missiepaters die kwamen toch geregeld zo eens aan! Tegenwoordig stonden die toch om de haverklap terug thuis! Waarom zij dan nooit eens? Zij had toch evengoed als de anderen recht op zo'n vliegtuigticket! Maar nee, nooit geen tijd! En altijd en altijd maar die Indiërs en die Chinezen die de voorrang hadden gekregen bij haar!

De stem die het begeeft. Krop in de keel.

– Het is toch waar ook zeker!

Tranen in de zakdoek. In de bovenste la van de dressoirkast liggen er verse. Pas nog gewassen en gestreken.

– Of niet soms?

De neus die lekt. Die langdurig lekt. Tot hij er week van wordt. En zeer doet.

– Maar ik ben toch ook blij dat ik u na zo lange tijd eindelijk weer terugzie. Ik had er eigenlijk al niet meer op gerekend.

Ze had er maar het zwijgen toe gedaan, tante non, tijdens die emotionele uitval.

En zij nam het mijn moeder ook niet kwalijk hoor, zei ze achteraf tegen mij. Die kon bij haar niks verkeerds meer doen. Daarvoor had ze te lang gecorrespondeerd met haar. Daarvoor had moeder te plichtsgetrouw haar al die jaren van het reilen en zeilen in de familie op de hoogte gehouden. Daar was zij haar nog altijd te dankbaar voor.

Een oude non: zo noemde ze nu zichzelf. Alsof ze zich een beetje schaamde. Alsof ze iets goed te maken had. Alsof zij zich nu pas realiseerde dat ze de voorbije bijna dertig jaar voor ons alleen maar een welomschreven afwezigheid geweest was. Een lege nis. Een contourlijn die van haar overgebleven was op de familiefoto nadat zij zichzelf daar vrijwillig uit weg had laten retoucheren. Een holte. Een plaasterspook van beeldhouwer Szukalski.

– Het beste van mijzelf heb ik in China en in India achtergelaten.

(Dat zal wel.)

– Zo moe dat ik mij voel nu ik terug in België ben.

(Verwondert mij niks, juffrouw.)

– Ik ga niet beweren dat ik de allerbeste keus gemaakt heb indertijd. Maar het was wel mijn keus.

(Die indruk had ik altijd al.)

– En ik had het tegen uw ouders bij mijn vertrek toch ook gezègd!

(Wat gezegd?)

– ….!!

(O, van dat niet meer naar huis komen? Het zal wel. Maar ik denk dat ze hun oren niet geloofd hebben in het begin. Ikzelf trouwens ook niet.)

Zoals zij wegkeek toen. Handenwringend. Zoals zij vervolgens door het venster naar buiten tuurde. Langdurig en aandachtig. Alsof er spannende dingen aan de gang waren om en rond het dorpsplein waar mijn moeders venster op uitkeek. Ik wist zelf ook niet beter dan maar mee te kijken met haar. Naar de betonnen bloembakken tussen de geparkeerde auto's. Naar de uitgelaten schoolkinderen op de stoep die zwaaien met hun boekentassen. Een vlucht duiven die met grote snelheid rond de kerktorenspits draait. En keert. Een mens betaalt toch al honderd vijfenzeventig frank per duif voor het inkorven en verzenden. Plus wat daar nog bovenop komt aan administratiekosten voor de uitslag die ge een paar dagen later van het *Belgische Verbond* in uw brievenbus krijgt nadat uw duiven zijn aangekomen. Quiévrain. Parijs. Of de lange fond op Marseille en Barcelona. Want een mens rekent dan al op droogte en warmte en hoge snelheden maar de wind is plotseling gekeerd en er zal laag over de grond gevlogen worden nu met die tegenwind. In een bocht rakelings langs het Centraal Massief. Met alle risico's van dien. Hoogspanningskabels, zendmasten en fabrieksschouwen, koeltorens. En uw prijsvlieger die met een gebroken vleugel of met verschroeide staartpennen neerstuikt hier of daar in een maïsveld in Bourgondië. Wachten. Bij de radio met het nieuws voor duivenliefhebbers. Noyon, zeven uur zeventien. Mooi, goed zicht, windstil, vanaf zeven uur. Pont-Sainte-Maxence, zeven uur eenentwintig. Bewolkt, mooie opklaringen, zeer goed zicht, zwakke noordoostenwind, vanaf zeven uur. De Zuid-Nederlandse Bond afdeling Midden-Brabant: wachten.

Twee wielertoeristen in lelijke fluorescente trainingspakken op hun racefietsen. *Raleigh* en *Lotto*. Het smalle leren zadel dat bijna helemaal verzinkt in hun achterste.

En de duiven die nu boven de daken scheren. Heel snel gaan ze en heel laag. Als je buiten bent is het klapwieken duidelijk te horen. Het is vergelijkbaar met het geluid van een peloton wielrenners dat voorbijwaaiert. Het blinken van de wielspaken. Het ruisen van de wielen. Het zoeven van de tere bandjes over het asfalt. Het gesnuif en het geblaas door de neusgaten. Hoeveel minuten zijn we achter?

En het oog valt op een zwarte die huis voor huis aanbelt en dan exotische schilderijtjes te koop aanbiedt. Zonder veel succes, zo te zien. Aan zijn loop valt hoe langer hoe meer zijn moedeloosheid af te lezen. Wij kopen niet aan de deur. En zeker niet van iemand als gij. De *Kredietbank*. De *Algemene Spaar- en Lijfrentekas*.

Zoals zij daar toen in het huis van mijn moeder tegenover mij op een stoel bij het venster zat, heb ik haar lang zitten bekijken, ja. Van dichtbij. Van heel dichtbij. Tot op het onbehaaglijke af dichtbij. Zoals zij daar zat, blootgesteld aan daglicht dat ik zelden ongenadiger op iemand heb zien vallen dan op haar toen. Op de rimpels in haar hals. De grote en de kleintjes. De diepe en de ondiepe. De lijntjes, de schilfertjes, de haartjes. Alle oneffenheden. De kraaiepootjes. Het als geverniste vel. De inplanting van haar haren op het voorhoofd. Het verloop en de kromming van haar wenkbrauwen. Het glimmende montuur van haar bril. De aflijning van neus en mond en kin. De kleur van haar ogen. Het matte grijs van haar haren. Ik herinnerde mij ineens hoe hevig ik ooit verlangd had om die haren te zien toen ze nog glansden en donkerbruin waren. Haar bleke huid. Haar tanige handen, haar knokige vingers, haar nagels. Het kopergroen hier en daar waar je haar aders door zag schemeren. De roestvlekken: eentje op de rug van haar linkerhand, de andere aan haar rechterslaap. Zo verbijsterend aanwezig en reëel als zij nu ineens was. Zo vertederend menselijk en kwetsbaar als ze eruitzag nu eindelijk ook.

Maar ik geloof dat mijn nabijheid haar na een tijdje begon te hinderen. En ik ben er zeker van dat het ook bedoeld was om een eind te maken aan mijn hardnekkige, volgehouden zwijgzaamheid toen ze ineens haar stoel lichtjes verschoof en mij op haar beurt een paar seconden lang recht in de ogen keek.

– Zo stil dat ge zijt.

– Ik?

– Ja.

– Ik weet niet.

– En mij zo zitten aankijken dat ge al de hele tijd doet.

– Gij mij ook.

– Is er iets?

– Niet dat ik weet.

Maar dat was gelogen natuurlijk, dat laatste. Want er was van alles. Maar het lag voorbij de woorden wat er voorts aan de hand was. De tekening die plotseling ontstaat doordat het omhulsel barsten vertoont. Het gekraak van het craquelé. Gekletter van scherven. Of het geluid als van een zak vloeistof die openbarst. En alles op de grond. Nu was het niet langer meer te ontwijken, nee. Al hetgeen waar zij in haar brieven nauwelijks woorden aan had besteed en waar zij nochtans haar leven lang een bij voorbaat verloren gevecht tegen had gevoerd. Voorbij de woorden ja. Het snot, de stront, het kwijl, de etter, de wonden, de vuiligheid, de honger, het geweld, het creperen. De stank die wij nooit écht geroken hadden. De grauwe armoe die wij tussen de regels door nauwelijks of nooit gelezen hadden.

– Nochtans een schoon land hoor, India. Bij gelegenheid moet ge maar eens afkomen. Ge zijt welkom.

– Dank u. Maar ik geloof niet dat ik veel zin heb.

Zoals ik haar moe en afgetobd erbij zag zitten nu. Eindelijk te voorschijn gekomen vanachter het schroeiende fornuis van de verre, broeierige wereld waar zij het grootste deel van haar leven had doorgebracht. Voor even maar. Om mijn treurende oude moeder – na het afwassen had die zich even te rusten gelegd; vredig en content en opgelucht als een klein kind dat eindelijk zijn zin heeft gekregen lag ze in de kamer ernaast op de canapé te slapen – een paar troostende woorden toe te komen spreken. En ook om ons, haar nichten en neven en al wie er nog overbleven van haar eigen, zo onderhand gedecimeerde, familie en passant nog eens goeiedag te komen zeggen. Tenminste, zo veronderstelde ik. Dat het daarom was. Want naar ik achteraf hoorde, had ze tevens van de gelegenheid gebruik gemaakt om in Leefdaal eens flink uit te varen tegen haar oversten over zendingen uit België die vaak onvolledig of niet tijdig ter plaatse waren. En over beloofde extra financiën voor haar hospitaal die achterwege waren gebleven. Het had er gestoven toen, naar het schijnt, daar in Leefdaal.

Nog altijd geen gemakkelijke ook niet.

– Ge zijt veranderd.
– Gij ook.
– Dat zal wel.
– Zo gaat dat.
– Jazeker. Maar ik ben oud en gij nog niet.

En ze had nog gelijk ook natuurlijk.

– Gij zijt hier ook niet meer thuis precies.

- Niet zo erg meer nee.
- Ik ken dat.
- Dat zal wel.

En het oog valt op een Bulgaarse vriestruck die zonet in het dorpscentrum heeft halt gehouden. De chauffeur probeert zich tevergeefs verstaanbaar te maken aan een voetganger als hij de weg vraagt. Die Bulgaar zal ook wel weer op de lokale fruitverwerkingsfabriek *Mondi Foods* moeten zijn. En eenmaal ter plekke zullen ze hem daar een volgnummer geven want de thermisch geïsoleerde deuren van de diepvriesmagazijnen gaan al op tijd dicht vrijdags. Op zijn minst tot maandag zal hij moeten wachten voor zijn veertigtonner met ingevroren vruchtencompote door de dik ingeduffelde, op vorkliften rondrijdende arbeiders gelost wordt. Er zijn hem daar trouwens nog andere wachtenden voor. Joegoslaven, Roemenen, Bulgaren, Turken, Grieken. Frambozen en krieken en aardbeien die ze naar hier aanvoeren vanuit de Balkan. En met z'n allen stranden ze dan op het parkeerterrein van de fabriek. Maar de meesten vertrouwen elkaar voor geen haar en geen moment durven ze daar hun camion nog onbewaakt achter te laten. Een heel weekend lang staan ze zich te pletter te vervelen op de parking. Het huilen van de koelsystemen van hun camions is tot ver buiten het fabrieksterrein te horen. En door de omwonenden worden ze met argwaan, zo niet vijandig, bejegend. Er wordt over geklaagd in het dorp dat ze u zo aangapen, die wachtende truckers uit het zuiden, als ge daar voorbij komt gefietst of gewandeld.

– Vooral als vrouw.

Al hebt ge af en toe ook chauffeurs die het zich daar ondertussen zo gezellig mogelijk maken. Uren en uren zitten ze te kletsen rond vuurtjes die ze gemaakt hebben. Ze stoken het hout van rondslingerende, kapotte paletten of ook lompen die ze gedrenkt hebben in diesel uit hun eigen tanks. En dan weerklinken er over de betonvlakte van het parkeerterrein deuntjes afkomstig uit Macedonië en uit Montenegro of uit de gebergten van Transsylvanië en Moldavië en al neuriënd en zingend gieten ze zich vol met van thuis meegebrachte Wodka of Ouzo of Slivovitsj. Tegen de avond beginnen ze in de open lucht uitgebreid te koken. Ze kunnen een mens toch zo begapen! zo wordt er geklaagd in het dorp over die truckers. Al moet er aan toegevoegd worden, zeggen sommigen, dat het daar dan wel lekker ruikt soms van tussen hun vriescamions, naar geroosterd vlees en naar vreemde, geurige kruiden. Vooral 's avonds in het weekend, wanneer ge dan zo al eens op uw gemak samen met uw vrouw of met uw lief voorbij de parking van *Mondi Foods* komt gewandeld of gefietst.

Dat ik haar een groot plezier zou doen met de geschriften van Ruusbroec, Theresia van Avila, Sint-Jan van het Kruis en Catharina van Siena, zei ze kort voor ze opnieuw vertrok tegen mij.

– In het Nederlands als het kan.

En of het niet te veel gevraagd was bij gelegenheid een paar van die boeken in een pakje achterna te sturen, vroeg ze. Want dit was de laatste keer geweest dat ze in België was. Ochja, wat had ze hier in godsnaam nog te stellen eigenlijk?

(Niet veel meer, naar ik vrees, lieve tante. Ge zijt té lang weggebleven. Uw beeld is beschimmeld. De Gele Rivier is bevrozen. En de mooie bamboestok, die ge mij indertijd hadt beloofd, hebt ge zo te zien ook al vergeten.)

Nu bleef ze voorgoed ginder.

Dat ik voor haar wel eens zou rondkijken, antwoordde ik.

– Bedankt.

– Het is niks.

En of ze de rekening achteraf dan moest voldoen met geld of met haar gebed, vroeg ze.

– Och laat maar.

'Jamaar nee,' protesteerde ze. 'En daarbij,' zei ze, 'ik heb ook geen zin om schulden achter te laten in België.'

– Dan geen van beide.

– En schrijft ook nog maar eens, gij.

– Ik schrijf al zoveel.

– Maar niet naar mij.

– Nee.

– Bijna niemand die mij nog schrijft tegenwoordig.

– Verwondert u dat?
– Niet echt nee.
– Bij gelegenheid zal ik wel eens schrijven.

¶

Het is december 1946 en er loopt een Vlaamse reine maagd door de straten van Peking. Het vriest dat het kraakt en heel de stad ligt onder een dik pak sneeuw. Aan het station heeft ze haar bagage in een riksja geladen, zelf verkiest ze om er achteraan te lopen. Al was het maar om zichzelf op die manier wat te verwarmen. Ze is gearriveerd met de trein uit Tientsin na een zeereis die bijna zeven weken heeft geduurd. In Shanghai, waar haar schip twee weken geleden was aangemeerd, hadden ze het haar al flink lastig gemaakt. Net voor haar aankomst waren er daar rellen geweest en in de binnenstad was er opnieuw gemanifesteerd tegen de aanwezigheid van de buitenlanders in China. Een volle week had het geduurd eer de douane haar bagage wilde vrijgeven. Ook hadden ze haar reiskoffer opengemaakt en al haar bezittingen in het slijk gegooid. *Als het niet voor U was, Heer, dan maakte ik nu rechtsomkeert en ging ik nog met dezelfde boot terug naar huis.* Aan het einde van het daaropvolgende zeetraject Shanghai–Tientsin had ze vier dagen geblokkeerd gezeten in de ijsschotsen. Er was een ijsbreker aan te pas gekomen eer het zeilschip de haven van Tientsin had kunnen bereiken.

Maar ze is een doorbijter. Nu stapt ze alweer met flinke tred achter de riksja aan door de straten van Peking. Ze is onderweg naar het opvangadres dat ze bij haar vertrek heeft meegekregen uit Leefdaal. Ze rept zich want het begint al te donkeren boven de stad en het is opnieuw aan het sneeuwen. Maar de koelie blijkt ineens zo zeker niet meer van de weg die ze tot nu toe hebben gevolgd. Het Plein van de Hemelse Vrede is een immense verlaten ijsvlakte. En de straten en steegjes van Peking vormen een donker en koud labyrint.

Heel afstandelijk en met veel plichtplegingen wordt ze laat in de avond ten slotte verwelkomd in een groot huis waar acht inlandse nonnen bijeenwonen. Het is al jaren geleden dat deze kleine Chinese kloostergemeen- schap nog contact heeft gehad met de moedercongrega- tie in Europa. En dat gaat zij meteen ook merken. Al is ze doodop van vermoeidheid en zijn haar schoenen doorweekt van het lopen door de natte sneeuwpap in de straten, toch moet ze eerst biechten, zo wordt haar bevolen. Ook al omdat ze scheel ziet van de honger duurt het een tijdje voor ze in de gaten krijgt dat ze, in plaats van tegen een biechtvader, haar belijdenis zit te doen tegen een vreemde dame die met de purperen stool aan in de biechtstoel zit. Na een bad en een sobere maaltijd krijgt ze nieuwe kleren. Een lichtgroen Chinees broek- pakje. En een rode lap linnen die tevens moet dienen als hoofddoek. Haar reguliere nonnenhabijt mag ze niet meer dragen. Het is haar voortaan ook verboden om de eigen taal nog te spreken of te schrijven. Neenee, ook

Engels is niet geoorloofd. Zij krijgt Chinese les en dagelijks zijn er twee uren schrijfonderricht voorzien. Gedaan met het haken en krassen van de pen. *Streel het papier met de zachte halen van het penseel.* Om het trillen van de arm tijdens het schrijven tegen te gaan legt men telkens een zware steen op haar schouder. En ze krijgt een nieuwe, Chinese naam: Yu Te Yung. Is dat duidelijk? Yu Te Yung. En jij bent ook nooit iemand anders geweest dan Yu Te Yung. *Wanneer je de wetten overtreedt, word je geslagen met de stok.* Met de staf van de meesteres. Schrijf:

De maan valt en de kraaien roepen.

Het dal vult zich met dauw.

De klank van de tempelklok van Han Shan

is hoorbaar tot aan

de kade waar de passagiersschepen liggen.

Alleen tijdens de eredienst in de kapel hoort ze bij het opzeggen van de gebeden nog wel eens een zinsnede die haar vertrouwd in de oren klinkt. En van de attributen op het altaar herkent ze er hier en daar ook nog een paar als behorend bij het ritueel van de Latijnse mis. Dagelijks wordt zij nu verplicht hand- en spandiensten te verrichten in het huis van een rijke Pekinese weduwe die, in ruil voor haar financiële steun, sinds een jaar of twee, drie de kleine kloostergemeenschap volledig naar haar pijpen doet dansen. Er moet hout worden kleingemaakt, water geput en aangedragen en heetgestookt want iedere avond is er het uitgebreide ceremonieel waarmee de weduwe haar bad neemt. En er is een beurt-rol opgesteld voor de assistentie die nonnen daarbij moeten verlenen. Na het baden wil ze altijd ook langdurig gemasseerd worden. De voeten. De hals. De lendenen. Heel haar huis geurt naar wierook en sandelolie. Het ivoren bed is gedrapeerd met goudlaken en mandarijn. Vervolgens is er het minutieuze protocol dat moet worden gevolgd als de weduwe zich laat aankleden in een slaapvertrek dat door de andere nonnen genoemd wordt *de albasten kamer.*

Soms sluipt er een minnaar binnen langs de achterhof. Er klinkt gelach, men hoort het rinkelen van de gouden armbanden. *Ze zijn precies een woerd en eend die spelen in het water.* Ondertussen zit zij buiten op haar knieën bij de deur te wachten op de vaak bitse maar uiterst nauwkeurige bevelen die de weduwe haar geeft. *Breng wijn uit de kruik met de drakekoppen! Ontsteek de lampen aan de zuiderpoort! Verdwijn als een gemene hond!* En soms, wanneer de bevelen niet bits zijn, dan zijn ze wel schandelijk en honteus. Dan laat de weduwe zich de gewaden aanreiken die in een mahoniehouten kleerkoffer in de kapel bewaard worden. Het koorhemd. Het schouderdoek. De biechtstool. De kazuifel. Het velum. Het benedictiedoek. *O wellust. O zondig, blasfemisch wijf.* Maar zij gehoorzaamt en zwijgt als vermoord. *Vergeef mij, vader en moeder. Als ik thuis ben zal ik gauw weer genezen zijn.*

Het oponthoud in Peking duurt bijna vier maanden.

Al die tijd zitten enkele honderden kilometers verderop in het binnenland van Noord-China drie andere nonnen – twee Amerikaanse en een Ierse – zich ongerust te maken en zich klappertandend van de kou af te vragen waar de beloofde hulpkracht uit België in godsnaam toch blijft. Het was hun opdracht om gevieren in Kalgan zo spoedig mogelijk een hospitaaltje uit de grond te stampen. Daarvoor hebben ze een huis te hunner beschikking gekregen dat daar eertijds nog gebouwd was door de Japanners.

Eindelijk, eindelijk komt zij eraan.

Een twee drie vier vijf zes zeven
waar zijdegij zo lang gebleven?
Hier en daar,
'k weet niet waar,
onder 't kapelleken van honderd jaar.

– Wie is zij, papa?

– Wie bedoel je?

– Deze dame hier op de familiefoto.

– De welke?

– Zij daar. Die lange magere.

– Dat is ook een tante van me.

– O ja?

– Tante Roza. Zij is een non.

– Ik wist niet eens dat jij ook nog een tante non had?

– Zijt maar zeker.

– Fameuze non ziet zij eruit.

– Vind je?

– Ja.

– Ik zit af en toe nog wel eens aan haar te denken.

– Waaraan denk je dan zoal?

– Hoe zij zeer tegen de zin van grootvader en grootmoeder bij het uitbreken van de Tweede Wereldoorlog in het klooster is gestapt.

– Welk klooster?

– *De Garde van Sint-Paulus* in Leefdaal.

– Bestaat dat klooster nu nog?

– Jazeker. Maar veel nonnen zijn daar niet meer. En die er nog zijn, zijn bijna allemaal stokoud.

– Ben jij daar al geweest?

– Nee.

– Hoe weet je dat dan?

– Ik heb dat horen zeggen door iemand die daar soms komt.

– Wat gaat die daar doen?

– Een oude uit de missie teruggekeerde non bezoeken. Hij moet dan altijd chocolade meebrengen voor haar en ook een paar flessen cognac, heeft hij erbij verteld.

– Maar uw tante mocht daar dus indertijd niet naartoe van thuis?

– Nee.

– Waarom niet?

– Weet ik veel. Er zijn ouders die soms niet akkoord gaan met de keus van hun kind.

– Maar ze heeft niet geluisterd en is gewoon non geworden?

– Inderdaad. En toen de oorlog hier goed en wel afgelopen was, is ze naar China vertrokken.

– Ja en dan?

– Dat moest je niet onderschatten. China was toen een bijzonder rumoerig en gevaarlijk land. Vooral voor buitenlanders. De grenzen waren er nog maar pas weer open toen ze daar eind 1946 aankwam. Eerst heeft ze een tijd in het noorden van China gezeten. Peking en zo. En vandaar nog verder het binnenland in: Kalgan. Al heet die stad ook al anders tegenwoordig. De Chinese muur loopt er langs naar het schijnt.

– Die muur ken ik. Daar heb ik al foto's van gezien. En laatst zag ik er ook beelden van op tv. Ik zou die muur ook wel eens in het echt willen zien eigenlijk.

– Maar tante Roza moest op de vlucht toen de troepen van Mao begonnen op te rukken.

– Wie is Mao?

– De leider van de Chinese communisten.

– Ahja.

– Spoedig daarna is ze aan de slag gegaan in een hospitaal ergens in Zuid-China. Ook na de communistische machtsovername is zij op haar post gebleven. Maar dat heeft ze geweten: heropvoeding, zelfbeschuldiging, hersenspoeling. Nog vier jaar heeft het geduurd. Tot ze ten slotte door de Chinese autoriteiten, als was ze een crimineel, in Hong Kong over de grens is gezet.

– Wat is hersenspoeling papa?

– Dat ze je wil en je weerstand kapot maken.

– Oei! En hoe doen ze dat dan?

– Op verschillende manieren. Door je onder druk te zetten. Door je vierentwintig uur per dag heel scherp in de gaten te houden bijvoorbeeld.

– En dat hadden ze met háár ook gedaan?

– Blijkbaar. Toen ze in 1953 naar België terugkeerde was het voor het eerst dat ik tante Roza te zien kreeg. Maar ik heb toen niet begrepen wat er precies aan de hand was met haar. Ze zag er in alle geval niet goed uit. En ze zei ook al niet veel. Andere nonnen of paters hadden altijd zoveel te vertellen, hoorde ik, als ze uit de missies terugkeerden. Tante Roza niet hoor! Bij haar kwam er niet veel meer uit.

– En toen?

– Na een herstelperiode, die ze doorbracht deels bij haar familie – bij ons thuis onder andere – en deels ook in een hospitaal in Roeselare, is ze opnieuw vertrokken.

– Naar waar?

– India.

– Wat ging ze daar doen?

– Werken. In een gloeiendhete stad helemaal in het uiterste zuiden van het land. In een arme, overbevolkte regio die al jaren overspoeld wordt door vluchtelingen uit Sri Lanka. De Tamiltijgers. De Singalezen. Ze weet er alles van. Hindoes en moslims. Daar heeft ze zich de voorbije vijfendertig jaar praktisch ononderbroken in een hospitaal staan afsloven. Een leprozencentrum en een kraaminrichting. Kan je het je een beetje voorstellen?

– Nee.

– Elke morgen vroeg wakker worden en opstaan. Je wassen en aankleden. De ochtendgebeden zeggen en je naar de ziekenzaal spoeden om er de zuster met nachtdienst af te lossen. Goeiemorgen zuster. Welterusten zuster. Een eerste vluchtige rondgang langs de ziekenbedden maken terwijl het gelamenteer van alle kanten hoe langer hoe luider begint te klinken. In de weer met watten, gaasdoek, injectienaalden, medicamenten. De geur van ether en zeep. Het gerammel van schotels en potten en pannen in de keuken. Een karretje dat door de middengang van de ziekenzaal wordt geduwd voor de bedeling van brood, hete bonensoep, rijst, thee. Gemor en gemors. Koud water over de vloer. En op het binnenplein van het hospitaal zwelt het ongeduldige geroezemoes aan van mannen, vrouwen en kinderen die te voet zijn afgezakt uit naar open riool stinkende dorpen met namen als Ayampatty, Thalipatty en Gujiliamparai. *Mijn God, ik draag U op al de werken van deze dag tot Uw meerdere eer en glorie.* Om je dan 's avonds als het donker is, de lampen gedoofd en de vleermuizen weer uitgevlogen zijn, bekaf te ruste te leggen. Het avondgebed niet vergeten. Op je knieën op de grond bij het nachtlichtje. De woorden van dat gebed toevoegen aan de nachtelijke geluiden die opklinken uit het oerwoud. De baviaan, de uil, de toekan. Zo. Alle dagen van je leven.

– En zo oud worden.

– En zo oud worden, ja.

– Hoe oud is zij nu?

– Rond de tachtig. Er is mij ter ore gekomen dat ze op een heel klein kamertje woont, vlak bij het hospitaal waar ze ook nu nog altijd werkt. Geen lakens. Geen matras. Zelfs geen hoofdkussen. Ze slaapt op een rieten matje op de grond. Verder staat er een grove plank op vier poten om op te zitten, een tafeltje en een smalle ingebouwde kast met haar schaarse persoonlijke bezittingen. Ook nog een paar plankjes voor haar boeken. Maar dat is dan ook alles.

- Dat is niet veel nee.
- Ze heeft blijkbaar ook niet veel nodig.
- Zo weinig.
- Tante Roza, ja.
- Jij hebt precies ook tantes in alle soorten en maten jij!
- Zeg dat wel. Ze is ook hier bij ons nog even langs geweest vooraleer ze opnieuw vertrok. Herinner je je niet meer? Of was je daarvoor nog te klein?
- Het is nu voor het eerst dat ik haar zie.
- Welja. En voor mij was het toen de tweede keer.

Op de foto die ik nu samen met mijn jongste aan het bekijken ben, zit ze aan tafel. Ze is omringd door mijn moeder en een paar van de nog overblijvende nonkels en tantes.

Koffie en gebak.

De melkpot, de suikerpot, het porseleinen servies, het zilverbestek, het witte kanten tafelkleed nog van grootvader en grootmoeder. Het was allemaal nog eens te harer ere uit de antieke hoekkast gehaald en op tafel gezet. Het kiekje ben ik daar toen op vraag van mijn moeder nog zelf komen maken.

Komt erbij zitten en eet nog iets mee.

Het zijn lappen.

De dag van vandaag.

De klein mannen.

(– Wij zijn geen 'klein mannen'!

– Vooruit, 't is al goed: 'grote mannen' dan.

– Maar wij zijn geen 'mannen'! – dat zijn de meisjes die reclameren.

– Jaja: 'kinderen' dan. Is het nu goed?

– Nu is het goed ja.

– En ga nu maar voortspelen.)

De jeugd van tegenwoordig.

Waar is de tijd?

Oude mensen nu allemaal. Niet anders meer dan oudemensenpraat die er klonk. Maar de opmerking die zij toen ineens maakte herinner ik me ook nog woordelijk.

'De kinderen passen niet meer bij hun ouders.'

Voilà. Wéér zo'n zin die zij voorschotelde ineens en waaraan, te oordelen naar de stilte die er viel, het gezelschap rond de tafel een aardige kluif had.

(En uitgerekend zìj die dat moest zeggen.)

Speciaal voor haar had moeder thee gezet.

– Ik drink al bijna veertig jaar geen koffie meer.

– Maar gij nu toch! Gene koffie meer drinken!

– Ik drink alleen nog thee. In India en ook in China daar hebben ze heel lekkere thee.

Neemt nog een wafel.

Een halfke.

Als ik twee tassen durf te drinken kan ik niet meer slapen.

Ik ook niet.

De Engelsen en de Hollanders, die drinken ook veel thee.

Los of in builtjes.

Met melk.

Citroen of suiker.

Dat komt omdat die veel in het Oosten hebben gezeten vroeger. En ze blijven er ook nu nog altijd veel komen naar het schijnt. De Belgen gaan meer naar Rwanda en Zaïre. Hoewel: in '60 hebben we daar ook nogal een post gepakt. Koper en koffie. Moboetoe slaat daar nu alles achterover.

En bij nonkel Jan en tante Yvonne hadden ze een nieuwe kapstok in de hal staan, hoorde ik daar aan tafel ook nog. Een paar weken geleden was ze bijna van de trap gedonderd, tante Yvonne. Ze had zich nog maar net overeind kunnen houden door zich vast te klampen aan de kapstok die er tegen de wand hing. Maar bij al dat geweld was die kapstok losgekomen en op de grond kapot gevallen. Liever die kapstok aan diggelen dan gij! had nonkel Jan toen gezegd tegen haar. Een kapstok is altijd nog wel nieuw te krijgen! En hij had woord gehouden, nonkel Jan, want voor haar verjaardag had tante Yvonne van hem een nieuwe kapstok gekregen. Hij stond er al, die kapstok. Onder aan de trap in de hal. Zo'n hoge houten kapstok op drie poten. Met stevige haken en met onderaan een koperen bak om uw paraplu of uw wandelstok in te steken.

Tante Roza. Ziet ze daar zitten.

Verkreukeld, verfrommeld, verbleekt, geschuurd,

verschoten. Maar daarbij ook de glans die zij nog altijd vertoonde.

Al is daar op die foto niet veel van te merken. Slechte foto.

'Ik heb altijd God aan mijn zijde gehad,' zei ze toen ook.
En: 'Voor China is er in mijn hart altijd een speciaal plaatsje overgebleven.'
'Ze hebben u daar nochtans niet met open armen ontvangen destijds,' replikeerde ik.
'Ja. En toch,' zei ze.

– Vertel ook eens iets over uw laatste jaren daar?
– Welke jaren?
– De tijd die ge in China nog doorgebracht hebt onder communistisch bewind.
– O dat. Daar bestaan toch al genoeg straffe verhalen over!
– Ja maar ùw verhaal heb ik daar nooit over gehoord?
– Ik heb daar niks over te vertellen ook niet.
– Waarom niet?
– Ik heb dat uitgeveegd. Ik heb daar al lang geen woorden meer voor.

Wèl heeft ze mij toen het verhaal verteld van haar aankomst in China eind 1946. En van het curieuze oponthoud dat ze gehad had in Peking.

138

'Al is dat óók een geschiedenis waar ik achteraf nooit erg meer mee te koop heb gelopen,' voegde ze daar op het einde nog aan toe.

'Van iemand als u kan ik dat wel verstaan,' heb ik haar geantwoord toen.

Of iets in die aard.

– En wat is een *bed-oven*?

Verwonderd, zij.

– Hoe komt ge aan dat woord?

– Het stond in één van uw eigen brieven.

– Een lemen bed dat langs onder werd verwarmd en waar we in China de pasgeboren kindjes en de zieke oude mensen in legden, zo luidde haar verklaring. Zoniet gingen ze daar allemaal dood van de kou.

– Ik dacht al dat het zoiets was.

– Het woord zegt het toch ook zelf.

– Jazeker. Maar ik had het u altijd al zèlf willen vragen.

Brieven of foto's had zijzelf geen enkele bewaard, antwoordde ze toen ik daar zo langs mijn neus weg ook nog naar informeerde bij haar. Zodra ze de post uit België gelezen en beantwoord had, bekende ze me, ging alles onverbiddelijk de papiermand in.

– Jaaja.

– Het is zo handig om vrij en los te staan van alles.

– Ahzo. Op die manier ja.

'Awel merci!' zei mijn moeder, toen ze dat achteraf vernam van mij. Dat van die brieven en foto's. En van die papiermand van tante non.

'En wij hier al die jaren maar de poten van ons lijf zitten te schrijven en van alles op te sturen!'

¶

Een neef die voor zijn job bij de havendouane in Antwerpen elke dag pendelt, had haar in de vroegte van de morgen in zijn naar hond riekende Toyota meegenomen tot Berchem. Niemand anders van ons had tijd en het kwam nog goed uit ook, zowel voor haar als voor mijn neef. Al was hij niet goed gezind geweest die dag want nu was ze toch wéér gebuisd zeker, Mirka. Vier onvoldoendes had ze op haar laatste rapport van de hondenclub. Want bij de club krijgen de honden op het einde van het jaar ook een rapport. Net zoals de kinderen op school. En een gezondheidsboekje heeft elke hond daar ook. Maar Mirka's eindrapport was veel te slecht om te mogen overgaan naar het volgende schooljaar. En trouwens, had de dresseur gezegd, van die vier onvoldoendes is er één bij waar Mirka nu al voor de zesde keer voor gebuisd is. Ze maakt veel te weinig vorderingen, hadden ze gezegd bij de hondenclub. En ze maakt het zich altijd ook veel te gemakkelijk, die teef van u, had de hondenmeester gezegd tegen hem. Ze veegt overal haar kas aan. En niks willen aannemen. En vet dat ze ook is. Ge geeft ze veel te veel en ook veel te gemakkelijk haar eten. Het wordt tijd dat ge tegen die beest eens goed tegenin gaat. Maar zelfs met dat slecht rapport bleef hij gaan met Mirka naar de hondenclub. Ook al waren er daar sommigen van de Kempense Kanistische Vereniging die al gezegd hadden tegen hem dat het een hopeloos geval was met die hond van hem. Zo'n achterlijke beest! hadden ze gezegd. Zoiets zijn we nu nog nooit tegengekomen! Niks neemt ze aan! En elke zondag opnieuw is ze alles vergeten wat ze hier heeft aangeleerd! Al de energie die ge steekt in haar, het is allemaal boter aan de galg, hadden ze gezegd. Jazeker, maar toch bleef hij elke zondag gaan. Net zolang tot Mirka voor alle vakken geslaagd zal zijn. Want ze móet en ze zàl leren. Hij bleef gaan met die hond tot ze de leerstof die ze moet kennen ook van buiten kent allemaal. En overgaan naar het volgende schooljaar zàl ze op den duur dan ook, zegt mijn neef.

Met pak en zak had hij tante Roza op het plein voor het treinstation van Berchem afgezet. Want parkeren moogt ge daar voor de ingang niet, zei hij. En zelf kon hij ook niet te laat komen op het werk want zijn diensthoofd was bijlange na de gemakkelijkste nog niet. En het was dan onderweg nog flink glad geweest ook. En mist. En file door een ongeval op de Ring ter hoogte van het Sportpaleis.

'Met mijne last die ik verkoop!'

Ik hoor het haar in de auto al zeggen tegen hem.

Vanaf Berchem-Statie ging zij dan verder wel op eigen kracht in Zaventem zien te geraken, had ze gezegd tegen hem. Of was het in Schiphol waar ze het vliegtuig naar Bombay die dag nog moest halen? Dat wist onze doua-

nier achteraf zo heel precies ook niet meer. In de lucht-
haven ging ze vooraleer ze vertrok ook nog gauw een
paar fotootjes van zichzelf laten maken, had ze in de
auto nog verteld tegen hem. In zo'n fotocabine. Vijf pas-
foto's voor honderd frank. In kleur. En om achteraf uit
te knippen. Want die had ze nodig, had ze gezegd, een
paar pasfotootjes bij haar rentree in India.

'Ze zal dan toch wel het land uit zijn geraakt zeker?'
veronderstelde hij. 'Want anders hadden we nog gehoord van haar?'

'Allicht,' zei ik.

'En het schijnt,' zei hij, 'dat, eens dat ge in de lucht
hangt, ge toch ook al redelijk rap te eten krijgt in zo'n
vliegtuig. Fruitsap. Een slaatje. Kip met aardappelen en
saus. Een gebakje. Thee. Of koffie à volonté.'

'Het schijnt ja.'

¶

Uit de laatste brief die mijn nu overleden moeder nog ontvangen heeft van haar:

'Ik heb cataract aan beide ogen. Druppelen helpt niet meer. Vandaar mijn kromme lijnen.'

AANTEKENING

Het volledige gedicht van Gao Shi, waarvan het citaat
aan het begin van dit boek de eerste regel is, luidt:

Een hoge kap en mouwen wijd: de mode van het zuiden –
Genietend van de avondkoelte loopt ze door de hof.
Ze neemt een jade spang en tikt op bamboes naast de
treden,
Met klare stem zingt ze een lied – het maanlicht is als
rijp.

Bron en vertaling: W.L. Idema (*Spiegel van de klassieke Chinese poë-
zie*, Meulenhoff, 1991, p. 307)